# ADVERTISING WITH INTERNET SLANG

# 网络语言广告

## 理论与应用

## THEORY & PRACTICE

刘世雄　贺凯彬◎著

中国经济出版社
CHINA ECONOMIC PUBLISHING HOUSE
·北京·

图书在版编目（CIP）数据

网络语言广告：理论与应用/刘世雄，贺凯彬著
.--北京：中国经济出版社，2020.6
ISBN 978-7-5136-6178-2

Ⅰ.①网… Ⅱ.①刘… ②贺… Ⅲ.①网络用语—网络广告 Ⅳ.①F713.852

中国版本图书馆CIP数据核字（2020）第094020号

责任编辑　姜　静　陈　瑞
责任印制　马小宾
封面设计　任燕飞

出版发行　中国经济出版社
印 刷 者　北京力信诚印刷有限公司
经 销 者　各地新华书店
开　　本　710mm×1000mm　1/16
印　　张　13.50
字　　数　200千字
版　　次　2020年6月第1版
印　　次　2020年6月第1次
定　　价　58.00元
广告经营许可证　京西工商广字第8179号

中国经济出版社 网址 www.economyph.com 社址 北京市东城区安定门外大街58号 邮编 100011
本版图书如存在印装质量问题，请与本社销售中心联系调换（联系电话：010-57512564）

# 序[*]

本书的撰写工作始于2014年，那一年我受团中央、中组部派遣到四川甘孜藏族自治州挂职工作。利用每天的下班时间和周末休息时间，我一点一滴地阅读文献，设计网络语言广告的研究思路。非常幸运的是，“关于网络语言广告效果的研究问题”在2015年通过了同行专家评议，获得了国家自然科学基金面上项目的资助，这极大地推动了本项研究工作的开展。

网络语言是互联网信息技术飞速发展及广泛应用的伴生品。古今中外，作为人际交流工具的语言一直在随着社会环境波澜壮阔的变革而演进，从未停止。中国互联网信息中心第43次《中国互联网络发展状况统计报告》显示，截至2018年12月，我国网民规模达8.29亿，普及率接近六成。[①] 中国民众“触网”的25年间，从“大虾”“美眉”到“盘他”“硬核”，新词汇、新句式、新用法层出不穷。2012年，《现代汉语词典》第6版新增“粉丝”“山寨”“雷人”等网络词语；从线上到线下，网络语言以“迅雷不及掩耳之势”席卷人们的生产生活，就连《人民日报》也大胆采用了“给力”“元芳，你怎么看”等网络流行语。2015年，“任性”被写进了当年《政府工作报告》[②]。值得一提的是，网络语言并不是中国社会的特有产物，在美国等互联网经济发达的社会，网络语言在Facebook等社交平台上的使用同样非常频繁，在商业世界的影响力同样巨大。例如，美国无线运营商辛格勒的网络语言广告“BFF Jill”是“Best Friend

---

* 本研究成果获得了国家自然科学基金面上项目（71572116）资助，特向国家自然科学基金委员会表示衷心感谢。

① 中国互联网络信息中心第43次《中国互联网络发展状况统计报告》。

② 许晴. 新词迭出，更得咬文嚼字（解码·语言规范）[N]. 人民日报，2019-05-15.

Forever，Jill”的缩写。

网络语言的流行及其社会影响力引起了语言学、心理学等各学科研究人员的注意，他们迅速获得了一些创新性成果。然而，网络语言广告的理论研究却明显滞后于营销实务日新月异的迭代演进。广告使用网络语言的效果究竟如何，在理论上还是一个有待系统探究的问题。

网络语言是一种在语音、词汇、语法上都具有特色的圈层语言，它可以作为快速与某一圈层人群有效沟通的一种工具。眼光敏锐、敢于创新的企业早已注意到这一点，例如，近几年凭借网络语言广告成功逆袭的白酒品牌江小白，其各种卖萌广告个性十足，赚足了眼球，也赚得盆满钵满。在如今人人都是播音员的自媒体时代，数量庞大的公域流量和私域流量，如微信公众号、微博号、抖音号、微信群、App 等，极大地分流了受众人群。根据艾媒咨询公司的统计，2019 年中国微信公众号数量逾 2000 万个，微博活跃用户超 4 亿，头条号逾 100 万个。众多新媒体之间的这场流量争夺战，也直接促成了传统媒体的死亡或苟延残喘。而这也意味着，企业仍然照搬 20 世纪的广告模式，呆板地使用书上教条化的、统一的、正面作战的电视、报纸、杂志、路牌等硬广告，影响非常微弱，广告投入产出比也会非常低，无异于用导弹打蚊子。

在平台多样化、内容多元化的海量信息时代，消费者天然具有的信息过滤心理机制将自动屏蔽大部分与己无关的资讯，即人们只会看他（她）喜欢看的，这在心理学中叫作“选择性注意”。这就导致了营销人员无法回避的问题：如何让企业传递的信息不被消费者的认知系统所屏蔽？因为网络语言天然具有一定娱乐性、趣味性，所以广告传播中使用网络语言可以大大提高消费者的关注度，进而提高广告记忆和再认。面对高强度的工作生活压力，现代社会需要娱乐，故而现代营销需要娱乐化。时尚的网络语言作为广告语言的一种新形式，恰当地运用到广告中往往让人耳目一新，在一笑之间“过目不忘”。

然而，网络语言广告的效果是否一定碾压标准语言广告？在广告中如何使用网络语言才能达到最佳效果？本书在这一研究领域迈出了第一步，主要探讨的内容包括：网络语言广告研究的理论回顾、网络语言风格的测量、网络语言对企业形象的影响、网络语言与标准语言广告效果的比较以及代言人和产品品类等因素对网络语言广告效果的影响等。在此基础上，本书结合营销实例对网络语言在品牌和广告传播中的应用方法、应用范围和影响因素做了说明，对于商业应用具有一定的指导作用。当然，目前仍有很多问题值得研究、有待解决，例如，销售人员在与顾客的口头沟通过程中使用网络语言对达成交易有何影响？如何运用大数据，从行为结果的视角来分析网络语言对传播效果和销售效果的影响？等等。

本书是课题团队集体智慧的结晶，在此谨向参与本项研究工作的所有老师和同学表示衷心感谢，也特别感谢支持本课题研究的企业和相关人士。本课题的研究得到了国家自然科学基金委的经费支持，衷心感谢国家对本课题研究的认可和资助。我指导的博士后贺凯彬，承担了本书的统稿、整理和修改润色等多项重要工作，参与了本书的核心研究工作，深表感谢。我的同事周志民、贺和平、桂丹阳、周影辉、涂荣庭、刘雁妮、杨翩翩等老师为本书的写作提供了诸多宝贵意见和重要支持，在此致以深深的谢意。桂丹阳和杨翩翩两位老师还深度参与了多项研究工作，付出颇多。我指导的硕士生左亚飞和戴玉参与了语码转换理论的相关研究，黄林祥参与了网络语言对企业形象的影响研究，龚武和王耀参与了网络广告语言风格及其影响的研究。毕晓培和贺凯彬参与了关于广告代言人与网络语言对广告效果的影响研究。刘巍婷参与研究了网络语言与标准语言广告效果比较以及产品品类等因素的影响研究。陈鹏艳和丁庚参与了关于产品卷入度与网络语言态度对网络语言广告效果的影响研究。戴玉、汪小利和黄慧莹在初稿的整理过程中承担了辅助工作。

麦当劳中国、诗碧曼公司深大玉妹天猫旗舰店、重庆江小白酒业有限公司（江小白）、漯河市平平食品有限责任公司（卫龙）等企业为本书出版提供了广告素材及授权支持，在此一并致以深深的谢意。此外，还要衷心感谢深圳大学心理与行为研究院提供了眼动仪测试设备，并为研究顺利开展提供了测试条件。最后，特别感谢中国经济出版社为本书出版付出的努力，特别感谢姜静和陈瑞两位老师为本书出版提供的沟通、协调、校印等诸多工作支持。

刘世雄

深圳大学市场营销系主任、教授

2019 年 11 月 1 日

于深圳大学汇文楼

# 目　录

## 第一章　崛起中的网络语言广告



## 第二章　网络语言广告研究的理论回顾

## 第三章　网络语言风格：量表开发与应用



## 第四章　网络语言与标准语言广告效果比较

## 第五章 网络语言广告对企业感知创新和感知信任的影响

## 第六章　广告代言人对网络语言广告效果的影响



## 第七章　产品品类对网络语言广告效果的影响

## 第八章 网络语言广告实战指南

# 第一章

# 崛起中的网络语言广告

## 一、网络语言广告：一个新兴的研究领域

随着中国的“90后”和“00后”逐渐成长为新的消费群体，各类品牌都开始积极寻求吸引年轻一代用户的品牌传播策略。在媒体接触和使用习惯方面，年轻用户的主要特点是，他们是在互联网普及的大环境下成长起来的。在中国，如果说“70后”是“报纸一代”，“80后”是“电视一代”，那么“90后”无疑是“互联网一代”，而“00后”则是“移动互联网一代”。

语言学研究表明，新的传播媒介对于语言进化具有重要作用，新的媒介往往会催生出新的语言变体。互联网是网络语言发展的温床，网络语言正是在互联网媒介中产生并不断演化的。根据中国互联网络信息中心（CNNIC）发布的第44次《中国互联网络发展状况统计报告》，截至2019年6月，我国网民规模达8.54亿，比2018年底增加2598万，互联网普及率达61.2%。第43次统计报告表明，其中10~29岁年龄段的网民占比高达44.3%[①]。如此庞大的年轻网民群体构成了网络语言的主要创造者、使用者和传播者。

在电子邮件、BBS、即时通信软件以及视频弹幕等互联网沟通环境中，网络语言已经成为人际互动不可分割的一个组成部分。“锦鲤”“确认过眼神”“比心”“freestyle”等网络流行语每年都不断推出，成为年轻消费者沟通中的惯用和常用语言。相比于“80后”或更年长的消费者，网络语言是从小就习惯键盘和手机输入的年轻一代的独有沟通方式和典型群体符号。

---

① 中国互联网络信息中心第43次《中国互联网络发展状况统计报告》，2019年2月。

“当你需要靠近一个群体时，就请先学会使用他们的语言”。为了靠近和抓住年轻消费者的心，赢得他们的偏爱，近年来，在品牌和广告等商业传播活动中出现了大量网络语言，成为营销界的一个新兴热点现象。白酒品牌江小白、零食品牌卫龙、传统品牌大白兔，甚至故宫博物院等文创品牌都纷纷采用网络语言化的沟通方式来进行广告和品牌宣传，其中也不乏值得学习的成功案例。对这一现象进行深入研究，从中发现网络语言广告的理论规律和应用方法，成为当前营销学者所面临的任务之一。

我们在书中详细介绍了围绕网络语言广告进行的一系列实证研究，主要讨论了网络语言对广告和品牌传播效果的作用机制。在实证研究的基础上，我们也结合典型的营销案例，对网络语言广告的应用范畴和应用方法提出了较为系统的观点和建议。

### （一）互联网时代的网络语言

1969 年，互联网在美国诞生，于 1989 年开始进入中国。经过半个世纪的发展，互联网已经成为当今最重要、最流行的传媒之一。中国互联网也已成为全球互联网的重要组成部分，并全面渗透到经济和社会的各个领域。互联网的快速发展对人类社会产生了许多重大影响，其中之一便是人们所使用的语言。

在过去的数十年里，人们已经见证了电视、互联网和移动电话等新兴沟通技术对语言产生的影响，同时学者们也注意到语言在这些媒介中的改变和进化，这类语言现象由此成为学术界研究的热点。2004 年，著名语言学家 David Crystal 在其论著《语言革命》中指出，从 20 世纪 90 年代开始，语言的发展显现出三大“革命性”的趋势：英语全球化、语言危机加重以及因特网的媒介化。这些趋势对语言的发展影响深远（Crystal，2004）。进入 21 世纪，这三大趋势对语言的影响进一步加剧，特别是互联网作为一种新媒介，直接促成了网络语言的产生。

网络语言在中国经历了二十多年的蓬勃发展。早期，网民们基于键盘输入的便利性和谐音等规则创造了许多“新词汇”，如“==”表示“等等”，“3Q”表示“thank you”，等等。后来，网络语言词汇中也开始出现“缩写”后的中文表达，如“累觉不爱”表示“很累，感觉自己不会再爱了”，“人艰不拆”表示“人生已经如此艰难，有些事情就不要拆穿”，等等。同时，网络语言也开始逐渐形成某些特定的语言风格，如“淘宝体”“咆哮体”等。网络语言的发展从简单的字词谐音模仿到词语创作，再到语体原创，经历了创作、模仿、传播、升华或淘汰的复杂过程。有的网络语言词汇已经消失在人们的记忆中，有的却成为日常用语，甚至进入了《现代汉语词典》。人们对网络语言的态度也由早期的看不懂，甚至厌恶，到现在的更加包容并且参与到传播和创作之中。

### （二）网络语言的定义

究竟什么是网络语言？如何准确地界定网络语言？语言学家们对这些问题进行了丰富的讨论和研究。

学者们根据研究的需要，对网络语言进行了不同角度的诠释。2001年，于根元接受中央电视台访谈时对网络语言作了相关解答。他指出，与网络或者网络活动相关的语言就是网络语言。网络语言在内容上包括词汇和语体两个方面，词汇即指网络语言词汇，而语体主要涵盖了网络文学、网络新闻以及网络广告。同年，英国语言学家 David Crystal 也提出了网络语言（Netspeak）的概念，他认为英语网络语言（English Netspeak）是语言的一种变体，这种语言变体在以互联网为主要介质的环境中产生，并且有着网络属性以及全球化和互动性等特征。

随着互联网以及网络语言的发展，比较宽泛的划分已经无法满足进一步研究的需要。因此，一些学者开始对网络语言的概念和包含的内容进行更加细致的区分。周洪波（2001）认为，网络语言是在互联网运用中使用的相关词汇和句子。网络语言在广义上可由三部分组成：第一部分是指互联网的专业术语，如“硬件”“鼠标”“宽带”等；第二部分是指一些互联网上的特别用语，如“网吧”“网民”“短信息”“黑客”等词汇；第三部分则是网民在聊天室和一些 BBS 上使用的聊天用语，如“美眉”“斑竹”“大虾”“菜鸟”“恐龙”“么么哒”“酱紫”“十动然拒”“拍砖”等新生词汇。狭义的网络语言不包含前面两类，仅指第三类网民或网友在聊天室和 BBS 上使用的聊天用语。Baron（2003）指出，广义的网络语言主要包括：用于交流的自然语言、与计算机相关的编译语言以及网民用于网络交流创作的特殊语言。从狭义的视角来看，学者们开始将网络语言限定为网民创造和传播的用于交际和信息交换的语言形式（秦秀白，2003）。

上述对于网络语言的分类在后续研究中得到较多的认同。谢芷欣（2004）认为，网络语言在广义上是所有在互联网中使用的语言，由三类构成：第一类是社会通用语，实际上指的就是传统汉语，这是网络语言存在和使用的基础语言；第二类是因互联网而存在的术语和行业用语，如“防火墙”“网管”“宽带”等；第三类是网民在互联网上使用的习惯用语和相关俚语，这些词句一般具有特殊的含义和形式，如“菇凉”（姑娘）、“1314”（一生一世）、“围脖”（微博）等，它们一般都起源于网友在互联网上的交流互动。施春宏（2010）将互联网文化中语言现象的研究归属于 CMC（Computer-Mediated Communication）的一种。CMC 语言有广义和狭义之分。广义的 CMC 包含网络中的交际用语和与计算机相关的各种编程语言；而狭义的 CMC 通常只包括前者，即交际用语。

综合上述内容可以发现，学者们对网络语言的定义在广义上包含：①社会通用语言；②网络专业术语；③网民在互联网上使用的习惯用语和俚语。在狭义上则只包含网民在互联网上使用的习惯用语和相关俚语，通常人们理解的网络语言也主要是狭义上的。例如，维基百科（Wikipedia）对于网络语言的解释是，“网络语言是由网民创造和传播的用于交际的一种语言形式”。网络语言被经常使用在即时通信、网络论坛、微博、微信等沟通媒介中，是互联网文化的组成部分，并逐渐从线上往线下渗透。与此同时，学术界对于网络语言的研究也更侧重于狭义的网络语言。在本书中，除了特别说明之外，网络语言这一概念采用狭义的网络语言定义，即指网民在互联网上使用的习惯用语和俚语。

### （三）网络语言的特点

网络语言之所以备受大众的关注和喜爱，主要是因为网络语言具有区别于标准语言的一些突出特点。

#### 1. 从语言构成的角度来看，网络语言具有不规范性

网络语言的不规范性是指其在变异的过程中，过分偏离常规语言系统，给受众带来理解上的困难，也给汉语学习带来了极大的障碍。Baron（1998）和 Crystal（2001）等指出网络语言是一种非标准的语言形式。在网络语言中，一些词汇的意义发生了偏离，比如，“恐龙”不再表示远古生物，而是指外貌不佳的女性，“潜水”则表示在论坛或者聊天群组中保持沉默的一种状态，等等。另一些网络词汇则采用了缩写、谐音等构词方式，只有在了解其原本表达的基础上才能理解。例如，GF 在英文中是“Girl Friend”的缩写，88 是“Bye Bye”的谐音，“十动然拒”则是“十分感动，然后拒绝了他/她”的缩写，等等。

由于上述情况的存在，在网络语言的使用过程中，一部分对网络语言含义不熟悉的人将会难以理解这些词汇的确切意义。因此，有必要注意网络语言的使用场合和可能给沟通带来的负面影响。也正因如此，在有关网络语言使用的研究中，不少学者，如陈建华（2004）等，也担心网络语言可能给现有的语言体系带来负面的影响，并提出了改进和规范的意见。

#### 2. 从受众感知的角度来看，网络语言具有有趣性和新颖性

网络语言所表现出的有趣性和新颖性是其广泛受到年轻群体欢迎的主要因素，也是品牌传播和广告实务工作者使用网络语言的原因之一。

Collot 和 Belmore（1996）指出，网络语言大部分介于书面语和口语之间，其特征体现在语言的新颖性、简洁性和追求修辞效果上。Crystal（2001）在论述网络语言的性质和特点时，指出网络语言具有多样性、简约性、随意性等特征，从网民的传播和接受度来看，网络语言大多是简洁的、有趣的、新鲜的。张玉玲（2009）在研究网络语言的风格时，特别提到了幽默性，认为网络语言的幽默性与传统的语言幽默性并不相同，很多情况下，网络语言并不是乍一看就令人发笑，而是需要联想、思考才能体会其背后意义的趣味性。马倩（2010）以春节联欢晚会中出现的网络语言为研究对象，提出网络语言的幽默分为三种：隐喻幽默、语境幽默和模因幽默。对于品牌和广告而言，网络语言的有趣性和新颖性也正好符合营销传播的需要，甚至可以成为广告创意的重要来源之一。

### 3. 从使用群体的角度来看，网络语言具有亚文化性

亚文化（Subculture），又被称作小文化、集体文化或副文化，其以自身独特的理想信念、价值观念和生活方式与主流文化相对应。网络亚文化是一种有别于网络主流文化的亚文化形态，是网民在网络中逐渐形成并推行的一种特有的文化价值体系、思维模式和生活方式。

网络语言不仅是一个社交工具或符号体系，还是这一社会群体中的成员认识和理解世界的特有视角和方式。从某种程度上来讲，有什么样的世界观和价值观就会使用什么样的语言。以年轻人为主体的网民创造出来并广泛使用的网络语言反映了这一社会群体的心理状况，并在当代社会语境下形成一种亚文化现象。比如，在采用非标准读音的情况下，在方言中或者女性卖萌撒娇的时候，“厉害”可能被读成“腻害”。这种基于错误读音的词汇却被年轻人广泛接受，一方面可能是因为“腻害”比“厉害”传递了更多语音信息，进而丰富了这一词汇所表达的含义；另一方面也反映了年轻群体对于语音多样性的宽容和接受。从这个角度看，网络语言是具有亚文化性的。它与某个亚文化群体紧密相连，是该群体文化的一种外在表

现方式。

#### 4. 从语言融合的角度来看，网络语言具有多语种混合的特征

网络语言的重要特征之一是“拼贴”，往往会广泛采用来自各个语种、方言、语音的元素，以简单“拼贴”的方式完成语言创造。互联网是一个信息交流的虚拟平台，因此在互联网上的沟通可以突破地域语言的限制，不相邻的社会或民族都可以通过网络媒介发生直接的语言接触，从而产生不成系统的词汇借用现象。正是互联网的这种媒介特点促使网络语言具有了多语种混合的特征。

考察我们日常使用的网络语言就可以发现，有不少网络语言源自某种外来语。例如，“秀”这一网络词汇是源自英文的“Show”，“欧巴桑”是对日语的简单音译，“宅”是对日语汉字字形改用汉语读音，等等。从语言融合的角度来看，网络语言是目前汉语不断与其他语种和方言等进行融合的标志性语言变体。

### （四）网络语言广告

广告是劝诱的艺术，通过广告可以使消费者对企业产品或品牌的印象更为具体和清晰（Robert，2002）。广告作为一种社会交际，试图鼓励广告的接受者采用某种态度和行为倾向，是企业开拓市场，抢占消费者心智的一把利器。语言作为一种能影响人们想法的社会沟通工具，可以在人们的大脑中绘制具体的图景和意象（Noriega，2008）。因此，在广告的策划和制作中，广告语言是最关键的要素之一。

广告语言是企业通过广告宣传进行诉求传递和告知的关键节点（杨志岐，2003），一个广告若没有优秀的广告语言作支撑，不确立广告语言的灵魂地位，就无法与目标消费者进行沟通，企业广告传播的目的也就无法达到。广告语言是广告存在的基础，在广告的各种元素中最具应用性、应变性、生命力和表现力。

近年来，越来越多的企业和品牌，开始在营销传播中将网络语言用于文案创作，希望通过网络语言加大品牌宣传力度，提升广告传播效果。在这样的背景下，网络语言广告开始进入人们的视野。网络语言大多来源于人们的生活，具有鲜活的生命力，且网络语言在一段时间内是社会生活话题热点的反映，其传播速度快，影响力大。广告制作者正是基于这些考虑，选择了网络语言进行广告创作。

在广告或商业传播中运用网络语言的案例在全世界范围内都屡见不鲜。例如，美国无线运营商辛格勒的商业广告“BFF Jill”是“Best Friend Forever，Jill”的缩写。在中国，取得票房佳绩的“囧”系列电影《人在囧途》《泰囧》以及后续系列《港囧》等在影迷中引起了热烈的反响，《泰囧》更成为首部票房超过 10 亿元的国产电影。而“囧”本身就是一个典型的网络语言词汇。英特尔公司制作的“给力啊，IT 系列”广告，就给人耳目一新的感觉，使消费者对英特尔公司产生了全新的认识。风靡网络的“淘宝体”从网络走向高校的短信录取通知，再到外交部的招聘启事，一个“亲”字，让不少网友惊呼接地气和有亲切感。作为全球通信设备领先制造商的华为，推出其新手机的宣传广告也借用了网络神曲《我的滑板鞋》中的流行语，对苹果公司的新产品进行了吐槽：“乖，别任性，我只想带一个手机，多给个卡槽行不行?”

在如今这一眼球经济的时代，广告主为了吸引消费者的注意，在广告创意上花费了大量的时间和金钱，但消费者怎样去感知和理解网络语言广告？网络语言广告会给消费者带来怎样的广告和品牌形象感知？为什么有时消费者会喜欢网络语言广告，有时却不喜欢？什么样的品牌和产品适合使用网络语言广告？对于以上问题，现在还缺乏系统而深入的研究。

例如，不论是营销学界还是业界，目前都对网络语言广告的沟通效果存在许多不同的意见、猜测和争议。一方面，语言变异可能会达到与众不同的效果，并由此产生良好的广告识别和记忆。网络语言广告就可能被认为是有趣、新颖和接地气的，这些积极的广告特征可能会使消费者对该广告和企业印象深刻并产生正面的态度。另一方面，网络语言广告也可能会给消费者带来负面的印象和感知。从语言整体感知特性上看，网络语言也被认为是不严肃的，缺乏规范的。这样的广告就可能连带地被认为是不严谨、不规范的，甚至是不值得信任的，而这种负面的印象会对广告和企业产生消极影响。

正是因为人们对于网络语言广告的应用方法和具体效果存在争议，才促使我们试图通过各种学科的理论和实证方法，去探索网络语言广告这个新兴的研究领域。

## 二、网络语言广告研究的跨学科特性

在对网络语言广告进行系统研究时，学者们面临的一个重要问题是，网络语言广告研究具有很强的跨学科特性。一般而言，与网络语言广告研究相关的问题属于营销学和广告学的范畴，但在具体的研究中，往往会更广泛或更深入地涉及语言学、心理学、经济学或者认知神经科学等更为基础的学科知识和理论。这些学科的认知角度、知识结构和研究方法都与网络语言广告研究存在互相结合的可能性，从而使我们对于网络语言广告的认识更加全面、丰富和深入。

在这里，我们对语言学、语言经济学、心理学以及认知神经科学与网络语言广告研究的关系进行简明扼要的梳理，并指出这些学科在网络语言广告研究中可能发挥的作用。

### （一）语言学

语言学研究有助于我们解决网络语言本身的相关问题，比如词汇、语法、构词特点、语言混合等。这些来自语言学方面的成果可以为我们研究网络语言广告提供一个良好的起点。

事实上，也正是语言学家首先对网络语言产生了研究兴趣，并取得了一系列重要的研究成果。目前，语言学界对于网络语言的研究主要涉及以下主题：网络语言的总体和本质特征、网络语言的词汇语法特征、网络语言的亚文化特征、网络语言的传播模式、网络语言的语言价值和语言学价值、网络语言的吸纳与规范以及看待或对待网络语言的态度等。这些语言学的研究帮助我们解决或部分解决了“什么是网络语言”“网络语言如何产生”“网络语言如何传播”以及“怎样对待网络语言”等一系列重要问题。因此，在对网络语言广告进行研究时，有必要对语言学的相关文献进行了解和梳理，从而为网络语言广告的研究打好基础。

### （二）语言经济学

从经济学角度对语言进行考察属于语言经济学（Economics of Languages）的范畴。语言经济学是经济学的一个研究领域，其基本观点是，语言作为人类经济活动中不可缺少的工具，具有与其他资源一样的经济特征，包括价值、效用、费用和收益。

一些学者已经从语言经济学的角度对网络语言进行了考察和研究。对于网络语言的语言经济学研究主要集中于解决网络语言的构词和传播现象背后的经济学原则问题。例如，任荣（2004）认为，流行语体现了一定的社会时代特征，尤其是经济特征。而流行语的构词特点、传播方式、惯性突破力特征恰恰体现了经济学中的经济、均衡和省力原则。

除了构词和传播方式之外，虽然目前从语言经济学角度研究网络语言广告的文献还很少，但一些潜在的研究方向也可能会涉及语言经济学。网络语言具有多语言、多语音融合的特点，往往混合了多种方言和外来语的词汇和语音，例如网络语言词汇“安排”本身源自东北方言。因此，从语言经济学的角度来看，采用某些具有特定区域文化内涵的网络语言广告本身也可以成为传播该区域文化的良好途径。

### （三）心理学

心理学是研究人类心理现象及其影响下的精神功能和行为活动的科学，一般包括基础心理学与应用心理学，涉及知觉、认知、情绪、思维、人格、行为习惯、人际关系、社会关系等许多领域，也与日常生活息息相关。

消费者行为学和广告心理学是以营销现象为研究对象，以心理学为基础的学科。在网络语言广告的研究中，心理学主要用于解释网络语言广告效果的机制和原理，帮助我们基于心理学理论预测网络语言广告会产生怎样的效果，解释网络语言广告效果产生的原因和影响因素。

网络语言广告在形式上是一种传播内容，其目的是改变受众对于广告中所涉及主体（一般是品牌、产品或服务）的态度和行为。从这个意义上，对于网络语言广告效果的研究会不可避免地涉及“态度改变”“信息加工”“形象迁移”等心理学理论。这些理论帮助我们构建网络语言广告研究的总体框架，进而可以采用实证方法对可证伪的假设进行检验，实现将网络语言广告研究从理论推向深入的目标。

### （四）认知神经科学

认知神经科学主要研究人类大脑如何调用其各层次的组件（包括分子、细胞、脑组织区和全脑）去实现各种认知活动。自 20 世纪 80 年代后期以来，认知神经科学的研究取得了令人注目的进展，对传统认知心理学和发展心理学的理论建构和各领域的研究产生了巨大影响。

认知神经科学包括两大类研究方法：一类是无创性脑功能（认知）成像技术；另一类是清醒动物认知生理心理学研究方法。前一类方法又可分为脑代谢功能成像和生理功能成像，后一类方法包括单细胞记录、多细胞记录、多维（阵列）电极记录法和其他生理心理学方法（手术法、冷却法、药物法等)。这些方法为我们理解大脑的认知功能和机制提供了新的研究手段。

从认知神经科学的角度来认识网络语言和网络语言广告是一个全新的研究视角。这个方向的研究能够帮助我们从生理上了解大脑如何对网络语言和网络语言广告进行加工。比如，赵庆柏等（2017）采用事件相关电位（ERP）技术比较了在语义违反范式下网络语言和标准汉语的语义加工差异，ERP 结果支持了网络语言加工属于创造性思维过程。这项研究为支持网络语言的创造性特征提供了生理上的证据。

## 三、本章小结

本章首先介绍了网络语言以及网络语言广告出现的时代背景和商业应用。其次说明了网络语言的定义、特点以及网络语言广告研究的现状和待考察的一些问题和方向。最后介绍了语言学、语言经济学、心理学和认知神经科学等学科与网络语言广告研究的关系，并讨论了这些学科的知识、理论和方法对于网络语言广告研究的作用。

# 第二章

# 网络语言广告研究的理论回顾

在开展网络语言广告研究之前，有必要对相关理论进行系统回顾。理论回顾的作用主要有两个方面：①有助于我们熟悉目前与网络语言广告研究直接相关的理论和成果，从而能够“站在前人的肩膀上”继续深入地、有创新性地推进研究；②有助于我们识别各研究领域可能存在的相关理论，从而开拓新的认知视角和理论框架，以更好地解释网络语言广告的某些现象。不管是出于以上何种考虑，系统的理论回顾都是学术研究不可缺少的组成部分。

在本章中，我们对一些与网络语言广告研究相关的重要理论进行了比较系统的回顾和梳理。在对理论本身做出说明的同时，也阐述了这些理论对于网络语言广告研究的作用或可能存在的潜在作用。从阅读本书的角度考虑，这些理论对于理解之后章节中的实证研究也具有指导性的作用。

## 一、信号理论

信号理论由经济学家 Michael Spence 在研究信息经济学时提出。信号理论主要包括信号传递和信号甄别两个方面。信号传递是指信息发送者向信息接收者发送可观察的确切信息的过程，而信号甄别是指信息接收者对于接收到的信息进行判断和选择的过程（高红阳，2005）。

信号理论认为，在市场交易中，消费者和商家之间存在信息不对称。一方面，消费者在做出购买决策时存在感知风险（Bettman，1973），消费者为了减少这种风险，通常会去搜索更多的信息，通过综合判断来减少购物结果的不确定性。另一方面，商家会向消费者提供更多关于产品或服务的信号，试图减少消费者的不确定感。

信号理论在很多领域得到了广泛应用。在营销学领域，学者们认为企业向消费者传递的关于产品、价格、广告、品牌等相关信息都可能被消费者作为感知企业的信号（Wiener，1985）。例如，研究显示，股权投资在新产品开发过程中是一种有效的方式，能够传递出强有力、高品质的产品质量的信号（Bolumole & Yemisi，2015）。

信号理论在广告学中则显示了广告的本质功能，即“发出信号，传递信息”。大多数情况下，消费者往往不能直接判断企业商品和服务的好坏。为了减少或消除消费者的疑虑，企业会通过广告向消费者展示关于产品或服务的功能、价格、样式、品牌等相关信息。而消费者为了减少感知风险，会对所接收到的广告信息做出选择和判断。在这个过程中，信息内容优质的商家往往更具优势。例如，研究表明，对于官方网站制作更精细、投入更多的企业，或展示更多资质和所获荣誉的企业，消费者更倾向于相信其实力更强（Schlosser，2006）。因此，广告可以看作一种与消费者直接接触的信息，消费者从这些信息中做出对企业产品或服务的判断，并根据这些判断形成对企业产品或服务的认知。

信号理论有助于我们理解网络语言广告中涉及的一些现象和问题。当网络语言成为广告的一部分时，其本身也成了企业向消费者发出的信号的一部分。消费者在解码广告的同时，会对所涉及的网络语言进行解读。例如，消费者可能解读该网络语言的含义、倾向性和使用场景等信息，可能揣测广告使用该网络语言的目的和用意，也可能评估该网络语言在广告中使用的恰当性，等等。这些解读本身就会对网络语言广告的效果产生影响。

信号理论可以为我们理解某些品牌传播案例提供可能而自恰的解释。例如，“大白兔”奶糖作为一个具有传统历史积淀的品牌，为何会选择网络语言作为主要的传播内容并取得良好的效果？信号理论的解释是，这是“大白兔”品牌向年轻消费者发出的一种信号，受众对该信号的解读可能会是"'大白兔'品牌在竭力向年轻受众靠近，尽管这可能违背其传统的品牌形象"。这种解读会使受众感受到"大白兔"品牌的"诚意"和"改变的勇气"，从而帮助"大白兔"奶糖实现品牌年轻化的营销目标。

## 二、情感迁移理论

情感迁移理论最初被用于品牌延伸领域。在品牌延伸的过程中，消费者对于新品牌的情感可能是消费者对于母品牌情感迁移的结果。在更为普遍的意义上，消费者在态度形成的过程中，对刺激物的认知会影响消费者的情感，情感迁移理论指出，这种情感会延伸至刺激物的关联物。

品牌延伸中的情感迁移主要有两种形式：①直接迁移。在直接迁移的过程中，消费者对于新品牌的信息加工或处理的动机较弱，当在新品牌中出现关于母品牌的相关信息时，条件反射机制使消费者形成对于新品牌的情感。通俗地解释，直接迁移就是受众对于新品牌的情感主要取决于其对于母品牌的情感，即所谓"爱屋及乌"的现象。②间接迁移。在间接迁移中，消费者会感知新品牌与母品牌之间的相似程度或形成品牌认知图式，在该图式作用下，新的个体会与一个目标类群相联系，而对于目标类群的态度会迁移到新个体上。如果该图式形成，间接迁移就会完成，从而形成较好的评价，否则，间接迁移不会完成，也可能形成负面的态度（Bhat & Reddy，2001）。间接迁移的方式不再是简单的"爱屋及乌"，而是在考虑两者之间关联的基础上，对新品牌或新产品形成评价。例如，"派克"钢笔作为一家高端的钢笔品牌，曾试图进入低价钢笔市场。但是消费者无法将"派克"原有的高端形象和低价产品很自然地联系在一起，也就未能完成"间接迁移"的过程。这被认为是导致"派克"钢笔这一商业尝试失败的主要原因。

除了品牌延伸之外，情感迁移理论也被广泛用于广告学的研究领域，其基本原理是，广告的刺激会激起受众的情感反应，而这种反应则会迁移到广告中的产品、品牌或企业上。Jung等（2011）指出，当广告给消费者带来积极的情感体验时，消费者对于广告、品牌、企业的评价也会更高。李妍、李东进（2013）在研究变异成语的广告效果时，指出变异成语会使广告趣味性更强，同时消费者会将这种积极的情感迁移到对于企业的创新感知上。

情感迁移可以从受众对网络语言的态度和情绪的角度解释网络语言广告的效果。例如，网络语言往往被消费者感知为有趣的、接地气的，这种情感或情绪就可能迁移到广告中的产品和品牌，从而产生积极的广告效果。但是，当消费者本身对网络语言存在消极印象（如认为网络语言“过于随意”“不规范”）时，这种消极的情感也可能迁移到广告中的产品和品牌，并产生负面影响。在情感迁移理论的视角下，网络语言广告的效果不仅取决于广告本身，也取决于受众对于网络语言的态度，从而对广告效果的异质性进行解释。

## 三、印象管理理论

印象管理是指个体通过一定的策略，影响他人对于自己的看法，管理他人对自己印象的过程（严标宾、张兴贵、邱林，2013）。印象管理是人类的一种基本动机。个体在与他人互动时，都希望给人留下积极的印象，并试图通过一定的方法改变他人对于自己的消极印象（刘娟娟，2006）。

发布广告的动机与人们操控别人对于自己的印象极为相似，发布广告的目的是希望自己所推广的产品或服务给消费者留下良好的印象，这种积极的印象保持在消费者心里，可以带来更多的商业价值。广告制作者总是尽可能多地提供关于产品的积极信息，如产品的质量、创新、资质和品牌等，以期给消费者留下关于产品、品牌、企业更多的正面印象。因此，研究消费者对企业的印象以及商家的印象管理策略，是探讨广告沟通效果的重要手段。例如，研究指出，消费者对标准字体和手写体的希尔顿商标的印象存在差异，手写体的商标使消费者感到更加友好（Henderson，2004）。又如，广告中过于夸大广告效果的信息，会使消费者觉得广告不真实，存在广告欺骗的可能（杨道俊，2009）。

印象管理理论和情感迁移理论有一定区别。情感迁移理论主要讨论情感效价（积极或消极）的迁移过程和迁移条件。而印象管理理论则能够帮助我们探索因为网络语言而形成的具体品牌个性或品牌形象。比如，在品牌传播中使用网络语言是否会让品牌年轻化？网络语言的使用是否塑造了特定的品牌个性或品牌形象？这些问题都适合使用印象管理理论进行解释。

## 四、精细加工可能性模型

精细加工可能性模型（Elaboration Likelihood Model，ELM）被认为是说服研究中的重要理论之一。精细加工可能性指个体对于所接收的信息进行加工的能力水平和动机强度，这种加工可能性的高低决定了个体态度的形成路径。精细加工可能性模型认为，说服的路径主要包括中枢说服路径和边缘说服路径。当个体精细加工可能性较高时，中枢说服路径产生作用。此时，个体态度的形成主要依据个体对于信息进行搜索、检验、评估之后的总体评价。当个体精细加工可能性较低时，边缘说服路径产生作用。在这种情况下，个体态度的形成主要依靠直观感受，如广告代言人的影响力、广告的权威性、广告诉求方式等形成的情感体验等（金志成、周象贤，2007）。

产品品类会影响消费者对于广告信息的精细加工可能性。通常，在购买价格较高或感知风险较大的产品时，人们对广告信息进行精细加工的可能性很高，就会投入大量精力对各类广告信息进行详细的综合考虑（这种现象也被称为“产品卷入度高”）。比如，在购买汽车、房产等高价商品时，消费者在决策过程中往往会广泛收集和理性考虑用途、质量、价格等信息。这种决策模式就是中枢说服路径的体现。反之，在购买低价或者感知风险较小的产品时，消费者对于广告信息的精细加工可能性就小，往往会根据一些边缘线索，如设计好不好看、是不是有明星代言等快速做出决策。

精细加工可能性模型启示商家采取合适的策略进行广告宣传。若商家提供的产品或服务对于消费者来说卷入程度较高时，广告策略应该是理性说服，广告中应更多呈现关于产品或服务的品质、质量和功能等信息，以便启动消费者的中枢说服路径，形成较好的消费者态度。若商家提供的产品或服务对于消费者来说卷入程度较低时，广告策略应该是感性说服，广告中应更多呈现关于产品或服务的包装、设计、情感需求等非认知信息，以便启动消费者边缘说服路径，产生较好的传播效果。

精细加工可能性模型为理解网络语言在广告中的作用提供了边界条件。网络语言广告效果的来源之一是语言刺激产生的情绪和态度。精细加工可能性模型指出，当消费者处于低精细加工可能性时，更依赖于对广告中刺激的感知和情感做出反应。网络语言的语言特性，如有趣、新颖等，能够激发受众快乐积极的情绪，从而起到显著的说服作用。反之，对于高精细加工可能性的产品，消费者的购买决策往往依赖于多方面的信息和更理性的综合评价。在这样的条件下，网络语言广告的效果可能被显著降低。

## 五、调节定向理论

在研究人是如何思考并做出决策的问题时，Higgins 在总结前人研究的基础上，认为过去对于动机的研究主要遵从“趋利避害”的享乐主义原则，但并没有解释人们是如何趋利避害的（Higgins，1987）。Higgins（1997）在自我差异理论（Self-discrepancy Theory）的基础上提出了调节定向理论（Regulatory Focus Theory，RFT）①，来解释人类行为的动机。

调节定向理论指出，自我调节是个体为达到特定的目标，控制自己的思想和反应的过程。在自我调节的过程中所表现出的倾向被称为调节定向（Higgins，2001；Geers，Weiland，Kosbab，Landry & Helfer，2005；姚琦、乐安国，2009）。调节定向理论认为，个体对自我的追求可以分为理想自我和责任自我。在追求理想自我的过程中，个体会感受到自身或他人对于自己强烈的希望和渴望，对这种状态的追求产生个体的促进定向（Promotion Focus）；而在追求责任自我的过程中，个体会感受到自身或他人对于自己强烈的义务和责任，对这种状态的追求会产生个体的预防定向（Prevention Focus）。

调节定向可以是个体在成长过程中由于家庭教育、自我学习等影响形成的一种个人倾向，也可以是由环境刺激产生的短时间内的心理倾向。如杨晨等（2015）在研究消费者支付方式时发现，支付方式的不同会产生短时间的心理倾向。现金支付方式可能会诱发消费者的预防定向，而刷卡支付可能会诱发消费者的促进定向。

如表2-1所示，两种不同调节定向的个体在很多方面存在差异，包括关注的目标、焦点和采取的行为策略等。这种差异使个体在分析和评价信息时出现不同的敏感程度。当信息更多与提高、成长等相关时，促进定向的个体对信息敏感程度更高，也更容易被该类型的信息说服。当信息更多与安全和责任等相关时，预防定向的个体对信息的敏感程度更高，也更容易被该类型的信息说服（姚琦、乐安国，2009）。此外，促进定向的个体在追求目标的过程中，更在意是否有积极的结果，在采取策略时更加愿意冒险，更偏好创新和变化。而预防定向的个体则对于消极的结果更加敏感，在采取策略时更加谨慎，更偏好安全和一致性（朱丽叶，2009）。

① 也有文献译为调节聚焦理论，如朱丽叶（2009）。

表 2-1 不同调节定向个体的特点

| | 促进定向 | 预防定向 |
|---|---|---|
| 关注目标 | 期望导向，如愿望、希望等 | 应该导向，如责任、义务等 |
| 关注点 | 提高、成长、进步等 | 安全、保险、避免等 |
| 行为策略 | 追求、完成期望的结果 | 避免、逃避非渴望的结果 |
| 关注结果 | 是否存在积极的结果（得到—未得到） | 是否存在消极的结果（失去—未失去） |

调节定向理论被广泛应用于广告研究中。如 Aaker（2001）研究广告信息时，将广告信息分为促进倾向和预防倾向两种。不同自我建构的个体对于两种信息的感受存在差异，独立型自我的个体更容易被促进倾向的信息所说服，而依存型自我的个体更容易被预防倾向的信息所说服。随后，Aaker（2001）将感知风险和信息框架添加到研究之中，结果显示，高感知风险的情况会刺激消费者进行预防的自我调节，此时，广告采取损失框架表述时，说服效果会更好。而当消费者感知风险较小时，他们追求积极结果的动机更强，会刺激消费者进行促进的自我调节，此时，广告采取获得框架表述说服效果会更好（Lee & Aker，2004）。

调节定向理论有助于我们从广告受众个体差异的角度考察网络语言广告的效果。受众的调节定向类型存在差异，可以划分为促进定向和预防定向两种类型。这两种类型的受众在感受相同的广告刺激时，关注的焦点、信息处理方式，以及所产生的情感都有所差异，因此对于广告的感知和评价也会有所不同。例如，促进定向的受众更可能被新颖刺激的网络语言说服。而对于预防定向的受众，网络语言的说服效果可能相对较差。

## 六、本章小结

在本章中，我们依次对“信号理论”“情感迁移理论”“印象管理理论”“精细加工可能性模型”“调节定向理论”进行了回顾，并简要说明了这些理论和网络语言广告研究的相关之处。本章内容的主要作用是为研究网络语言广告提供一系列可能的理论视角，从而提出合理的研究假设，为实证研究提供方向。

对于本章内容，有以下几点需要做出补充说明：

第一，这些理论都在一定程度上从属于心理学，部分理论也涉及传播学。之所以出现这样的情况，是因为网络语言广告本身就是营销传播的一种形式，而心理学为解释大部分传播现象提供了底层理论框架。

第二，受笔者学识和篇幅所限，本章内容无法对其他也可能影响网络语言广告研究的理论进行回顾，但这绝不意味着因此限制对于新理论的不断尝试和探索。恰恰相反，只有不断采用或者构建新的理论解释，才有可能深化我们对于网络语言广告的认识，也才能够为商业应用提供更好的指导。

第三，本章内容和后续章节中的实证研究存在一定的关系。例如，实证研究中假设的提出和理论框架可能基于本章中的某一理论。之所以将这些理论集中介绍，而非嵌入其他章节，是出于全书整体性、可读性和避免重复的考虑。特此说明。

# 第三章

# 网络语言风格：量表开发与应用

本章主要探讨网络语言风格类型和测量量表的开发与应用。作为一种系统性的语言变体，网络语言在语言风格上有着突出的特点。借鉴语言学中语言风格的定义和类型，本章首先从理论上探讨了网络语言风格的特点和可能的类型，然后遵循量表开发的一系列步骤，完整开发了测量网络语言风格的量表。在此基础上，本章还归纳了网络语言风格的各种类型，并探讨了网络语言风格类型与品牌个性之间的匹配关系。

## 一、网络语言风格

### （一）风格

“风格”是一个含义宽泛的词，建筑、雕塑、美学、艺术、音乐、文学、辞章学、语言学都使用“风格”这一术语（王开银，2012）。“风格”一词在各个领域的运用比较广泛，但都有强调格调、作风、风貌的含义，体现的是特点之全貌。

风格适用于各类领域，包括文字、图像和造型等。在文学创作中，风格一般是指作品整体所表现出来的特点。王凯（2004）从产品设计的视角出发，认为风格是通过运用不同的造型和手法，而使作品表现出异于同类作品的独特性。美国著名艺术家迈耶从艺术层面对风格做出了比较经典的定义，他认为风格是“包括一个本质和富有意义的表达形式系统，通过可见的艺术家个性和一个群体的广泛看法来实现”。

总的来说，对风格的理解包含多个方面。①风格一词使用范围非常广泛，既可用来描述语言，也可用来描述建筑、产品、音乐等。②风格是同类事物的一种独特性。③风格强调对总体性特点的认识。④对风格进行把握是一个主观的认知活动。⑤风格的描述对象是物质世界的客体，但其来源归根结底是人的认知。

（二）语言风格

语言风格是语言风格学的核心术语。学者们对于语言风格的定义、成因和涵盖范围从未停止探索和总结。因为这一概念能否得以确定，关系到整个语言风格体系所涉及的诸多问题以及相应学术成果的可用性和严谨性。

高名凯（1963）、胡裕树（1981）认为，“语言风格是人们在人际交流中，根据不同的交际场合和交际环境，为从言语上与这种交际场合和交际环境进行匹配，在语言手段上所做的一系列调整而形成的气氛和格调”。这种对于气氛和格调的解释是对我国汉语传统风格论的继承和发展。北京大学中文系汉语教研室（1958）、张静（1980）认为，“语言风格体现的是不同流派、不同时代、不同民族或者不同个人的综合语言特点”。郑远汉（1998）指出，“言语风格应当是一系列言语特点的综合表现，但这种特点不是自发形成的，而是来自人们的语言受到不同交际环境的制约和限制”。

此外，叶蜚声（1981）从语言变异的角度给语言风格下的定义为，语言风格的形成实际是来自人们因不同交际场合对语言的要求而做的一种变异，正是因为这种变异的存在，同样的人在不同的环境中，使用的语言才呈现出不同的特点。张德明（1984）指出，“语言风格的存在，是语言体系本身特点的体现，但这种特点理应是一种全面的、综合的特点”。

语言风格是一种系统性特征。胡范铸（1987）认为，“语言风格是语言使用者在运用语言时，受到心理因素和语言所体现的内容等多种要素的综合作用而产生的系统性特点”。王焕运（1993）指出，“语言风格应是一种个性，这种个性来自于语言的声音、修辞、语法和相应的词汇，具有明显的区分作用”。王希杰（1996）认为语言风格是人们在运用语言时所表现的个别性特征的综合。宗世海（2001）指出语言风格是在个人审美情趣的影响下，通过多种美学价值的语言要素以及相应的表达手段所传达的美学风貌。他认为语言风格，或者说言语风格范畴是相同种类的风格要素和手段的类聚系统，属于语言的风格变体，是对语言作品所具有的美学形态进行的抽象概括。

黎运汉（2002）的观点是，语言风格的形成是语言运用的产物，没有语言的使用，语言风格就无法存在。他还就语言表达主体和接受主体在语言风格形成中的作用做了进一步的阐述。语言风格来源于语言表达主体和语言接受主体二者共同的作用，不能忽略二者任何一方来谈语言风格，当语言表达主体对语言进行表达后，需要接受主体对其内容进行创造性的解读、理解，并于最后接受它。

上述学者从不同的视角，给出了自己关于语言风格这一概念的定义。其中既有相同点，也或多或少存在差异，但都从语言风格形成的内部机制对语言风格的本质特征和关键因素作了揭示，归纳起来主要存在以下几种说法：①言语气氛格调论。②言语特点综合论。③风格变异论。④系统性特征论。⑤美学风貌论。

### （三）网络语言风格

网络语言虽然属于一门新生语言系统，但它依旧是汉语大系统的一部分，它在关系上依旧从属于汉语大系统。因此有理由将汉语语言风格的定义和界定延伸至网络语言风格的界定。

基于上文对语言风格定义的归纳，可以认为消费者对网络语言的认知通常是综合的感性认知。这种认知既可能来自网络语言的气氛格调，也可能来自修辞、文体、语义，甚至是所体现的时代背景、民族背景和社会群体背景。因此，我们将网络语言风格定义为“消费者对网络语言所呈现的一系列语言特点的综合感性把握”。

## 二、网络语言风格量表开发

这一部分的主要内容是网络语言风格的量表开发。量表将包含一系列描述网络语言风格的形容词，并根据这些形容词提炼出网络语言风格的各种类型。

（一）项目产生和简化

### 1. 项目产生

网络语言量表形容词的搜集是研究的关键。为保证所搜集词汇的全面性和科学性，在进行正式搜集之前，我们查阅和参考了广告语言形象量表（刘世雄，2014）、品牌个性量表（Aaker，1997）和品牌个性本土化量表（黄胜兵等，2003）的关键词搜集过程，并最终在专家意见指导下确定量表关键形容词的搜集过程。

首先，利用深度访谈法从消费者中搜集相关的形容词词汇。其次，通过文献分析法，对广告语言和语言风格方面的文献就关键形容词进行梳理和总结。最后，通过网络查找和《现代汉语词典》来搜集和整合大量的形容词词汇。

（1）深度访谈法搜集的词汇。表 3-1 是基于深度访谈的语录，利用内容分析法进行分析提炼的一个例子。通过对 6 个被访者的访谈，共提炼出描述网络语言风格的形容词 46 个。通过删除明显重复词汇后剩余 21 个，包括“可爱、幽默、通俗、豪爽、委婉、善感、讽刺、朴实、强劲、文雅、精致、粗鲁、坦率、亲和、时尚、新奇、简洁、嚣张、真切、温馨、果敢”。

**表 3-1　访谈词汇归纳举例**

| | |
|---|---|
| 访谈语录：<br>我在生活中喜欢用腾讯 QQ 和微信跟朋友聊天，上班工作时也会时常使用这些 App 进行交流，在这一过程中当然会用到一些网络语言，以前我对网络语言知道得也比较少，别人用网络语言跟我对话我听不太懂，搞得我挺尴尬，觉得自己 OUT，跟不上潮流。 | OUT、跟不上潮流 |
| 我觉得其实有些时候使用网络语言还是给我带来不少好处的，因为现在生活和工作节奏越来越快，时间都很紧，使用网络语言几个字就可以表达清楚，而使用我们一般的交际用语的话需要输入很多字。比如我要表达某个女孩子很强悍、很粗犷的话直接输入“女汉子”就可以了，这样简单明了，又容易懂。 | 强悍、粗犷、简单明了、易懂 |
| 其实，使用网络语言的好处还不仅仅在于此，今天我跟一个同事聊天时，说了很多她都不懂，我就用了一个网络语言——“天然呆”来形容她，当然她看起来还是笑呵呵的，我想如果我直接说她笨，估计她肯定不会有这样的表情，我想可能是因为这个词说得比较委婉，内含一种开玩笑的语气在里面，具有可爱的骂人情愫吧。 | 简洁、幽默 |
| 最后，我觉得虽然也有一些词汇显得较为粗俗和下流，但那毕竟是少数，网络语言好的方面如新颖、可爱、挖苦、讽刺、率真等特质毕竟还是占据主流位置，否则就不会有越来越多的人都开始用网络语言。 | 粗俗、下流、新颖、可爱、挖苦、讽刺、率真 |

（2）文献分析法搜集的词汇。我国古代学者很早就开始对语言风格进行分类。如刘勰在《文心雕龙·体性》中提出中国传统的体性，并将其分为 4 组 8 种风格，即“远奥、精约、典雅、繁缛、显附、新奇、轻靡、壮丽”。司空图在《二十四诗品》中将语言风格分为 24 种类型，包括“冲淡、雄浑、纤秾、高古、沉着、洗练、典雅、绮丽、含蓄、劲健、豪放、自然、缜密、精神、清奇、委曲、疏野、悲慨、实境、超诣、飘逸、形容、流动、旷达”。

近现代以来，也有不少学者尝试对语言风格进行研究。如张德明（1989）在《语言风格学》中继承和发展了刘勰的风格分类，将表现风格分为 8 组共 16 种：“含蓄和明快；繁丰和简约；庄严和幽默；华丽和朴实；文雅和通俗；平易和奇崛；刚健和柔婉；谨严和疏放。”陈望道在《修辞学发凡·文体》中提出语言的表现风格有“繁丰、简约、柔婉、刚健、绚烂、平淡、疏放、谨严”等类型。张志公在《修辞学概要》中认为文章风格大体上可以分为“简洁、细致、明快、含蓄、平实、藻丽”等。姚婷（2006）认为网络语言的显著特点在于“新”，这种“新”指的是网络语言词汇结构和词汇含义的新，并指出网络语言的风格存在“新颖、简约、随意、生动、奔放、委婉、幽默、嘲讽、泼辣、谩骂、极富个性”等类型。黎运汉（2002）通过对不同语言作品进行分析和概括，最终提炼出语言作品的不同风格类型。根据语言作品的话语气势可以分为柔婉和豪放，根据语言作品话语表达长短可以分为简约和繁丰，根据语言作品的话语曲直可以分为明快和蕴藉，根据语言作品话语修辞的浓淡可以分为朴实和藻丽，根据语言作品的话语趣味性可以分为庄重和幽默，根据语言作品话语的雅俗可以分为通俗和文雅，根据语言作品话语结构的松紧可以分为缜密和疏放，等等。

曹炜等（2007）通过分析广告语言的语言特征，并结合广告语言的诸多社会属性、消费心理、审美情趣和民族文化等因素提出了一些关于广告语言的特征词汇。比如“舒心的、亲切的、悦耳的、积极的、令人愉快的、令人激动的、可爱的、令人享受的、快乐的”等。江波（2003）从心理学角度对广告语言的特征进行了归纳，主要有“友善的、温和的、融洽的、令人鼓舞的、友好的、粗俗的、诱惑、尊重、活泼的、刺激的、真诚的、激动人心的、清晰的”等。李宇明（2009）、索绪尔（2001）则将广告语言的特征概括为“地道的、有韵味的、生动的、有趣的、顺耳的、幽默的、优美动听的、通俗的、新奇的、独特的、简单的、朴实的、亲近的”等。金萍华（2001）等从电视广告声音的角度阐释了广告语言对品牌塑造的巨大作用，并从消费者的视角指出了广告语言应具有的艺术元素，譬如“有凝聚力、响亮、易记、有意义、上口、引发联想、易学、流行性、感染力、回味无穷”等词汇都能体现广告语言的特征和内涵。

由于方言和地域文化也是网络语言形成的重要因素之一，故我们也将描述方言和地域文化的词汇作为本章量表关键形容词的来源。李如龙（1994）就文化对方言的影响总结了几个有代表性的词汇，包括“具有代表性、有内涵、威信、浓烈、神圣”。卢小群（2004）认为方言广告具有“亲和力、认同感和自豪感”三个特征。林景英（2005）在探讨中西文化和广告语言之间的联系时，指出广告语言具有“鲜明、生动、直观、感染力、富于联想、意味深长、耐人寻味、风趣、幽默、美好”等特征。李腊花（2007）就语言使用者对英语、普通话、方言的语言态度进行了研究，对语言亲和力做了深入的探讨，提炼出的描述性词汇包含“忠诚的、豪气的、柔和的、直爽的、引导性、开放的、独特的、刻板的”。

此外，考虑到定义网络语言风格时也可能包含“听”的层面给受众带来的感性印象，所以将国外学者从语音层面对不同语言特征进行的相关描述也纳入词汇搜集范畴。Cheyne（1970）强调人们对非标准化的区域性口音会存在“善良、合适、健谈、幽默、友好、可信赖”等印象。Edwards（1982）指出更加“地道、勤劳、智慧”是标准口音比非标准化的区域口音给人的感觉。此外，大多数听众会认为第一口音是“友好的、可靠的、真诚的、温暖的和大方的”。Brown 等（1985）对本土口音与外地口音进行了深入的探究，结果显示，前者相对于后者在“吸引力和善意”方面都更强。Carranza 和 Ryan（1975）为研究听者的感知效应，对西班牙口音英语和美式英语进行了比较研究，发现听者认为美式英语“更诚实、更诚恳、更有魅力、更正直”。Alvarez（1997）认为英语不及西班牙语更显“风情”，但是在“威望”上西班牙语稍微有所不足。Oscar 等（2008）针对广告语言对受众购买决策的影响，设计了一个关于西班牙语和英语的双语研究实验。结果表明，广告语言的“性感、美丽、吸引力和优美”等成分会对受众的购买决策产生影响。Julia

（2010）指出听者听到本土化的语言或者方言时会产生一些比较积极的情感，如“开心、亲切和热情”。而 Carmel L. Vaisman（2014）对以色列少女在 CMC① 环境中博客的语用行为进行了研究，并利用“不寻常、独特、丰富多彩、流行、美丽、可爱、迷人”等词汇对其博客的语言特征和风格进行了描述。

文献法量表关键形容词汇总见表 3-2。

**表 3-2　文献法量表关键形容词汇总**

| 来源 | 形容词词汇 |
| --- | --- |
| 刘勰．文心雕龙［M］．长春：吉林出版集团，2010. | 典雅、远奥、精约、显附、繁缛、壮丽、新奇、轻靡 |
| 司空图．二十四诗品［M］．杭州：浙江古籍出版社，2014. | 雄浑、冲淡、纤秾、沉着、高古、典雅、洗练、劲健、绮丽、自然、含蓄、豪放、精神、缜密、疏野、清奇、委曲、实境、悲慨、形容、超诣、飘逸、旷达、流动 |
| 张德明．语言风格学［M］．长春：东北师范大学出版社，1989. | 繁丰、简约、含蓄、明快、华丽、朴实、庄严、幽默、文雅、通俗、谨严、疏放、平易、奇崛、刚健、柔婉 |
| 陈望道．修辞学发凡［M］．上海：上海教育出版社，2006. | 简约、繁丰、刚健、柔婉、平淡、绚烂、谨严、疏放 |
| 张志公．修辞学概要［M］．上海：上海教育出版社，1982. | 简洁、细致、明快、含蓄、平实、藻丽 |
| 姚婷．浅析网络语言［C］．江西省语言学会 2006 年年会论文集，2006. | 简约、生动、新颖、随意、奔放、委婉、幽默、嘲讽、泼辣、谩骂、极富个性 |
| 黎运汉．四十年来语言风格定义研究述评［C］．文学语言理论与实践丛书——辞章学论文集（上），2002. | 繁丰、简约、豪放、柔婉、蕴藉、明快、藻丽、朴实、幽默、庄重、文雅、通俗、疏放、缜密 |
| 荔技．广告语言风格类型初探［J］．修辞学习，1995（10）. | 雄健豪放、柔情委婉、平实质朴、幽默诙谐 |
| 曹炜，高军．广告语言学教程［M］．广州：暨南大学出版社，2007. | 亲切的、舒心的、悦耳的、令人激动的、积极的、令人愉快的、快乐的、可爱的、令人享受的 |

① CMC：Computer-Mediated Communication，指以计算机为媒介的沟通。

**续表**

| 来源 | 形容词词汇 |
| --- | --- |
| 江波．广告与消费心理学［M］．广州：暨南大学出版社，2003. | 温和的、友善的、融洽的、刺激的、令人鼓舞的、激动人心的、有说服力的、真诚的、粗俗的、清晰的、活泼的、友好的、诱惑、尊重 |
| 李宇明．语言学概论（第二版）［M］．北京：高等教育出版社，2009；索绪尔．普通语言学教程［M］．北京：外语教学与研究出版社，2001. | 优美动听的、通俗的、新奇的、独特的、简单的、朴实的、亲近的、地道的、有韵味的、生动的、有趣的、顺耳的、幽默的 |
| 李如龙．方言与文化的宏观研究［J］．暨南学报（哲学社会科学版），1994，16（4）：139-148. | 威信、浓烈、神圣、具有代表性、有内涵 |
| 卢小群．小议方言广告研究［J］．中南林学院学报，2004，24（6）：78-79. | 亲和力、认同感和自豪 |
| 林景英．广告语言与中西文化［J］．桂林师范高等专科学校学报（综合版），2005（1）. | 鲜明、生动、直观、感染力、富于联想、意味深长、耐人寻味、风趣、幽默、美好 |
| 陈松岑．新加坡华人的语言态度及其对语言能力和语言使用的影响［J］．语言教学与研究，1999（1）. | 引导性、独特的、刻板的、开放的、忠诚的、柔和的、豪气的、直爽 |
| 李腊花．论武汉青年学生对武汉方言、普通话和英语的态度［J］．理工高教研究，2007（6）. | 忠诚的、豪气的、柔和的、直爽的、引导性、开放的、独特的、刻板的 |
| 金萍华．“听出”品牌——论电视广告声音与品牌塑造［J］．广告大观（综合版），2001（3）. | 有凝聚力、响亮、易记、有意义、上口、引发联想、易学、流行性、感染力、回味无穷 |
| Edwards J. & M. Jacobsen. Standard and regional standard speech: Distinctions and similarities［J］. Language in Society，1987，16（3）：369-379. | 地道、勤劳、智慧 |
| Cheyne M. Stereotyped reactions to speakers with scottish and english regional accents［J］. British Journal of Social and Clinical Psychology，1970（9）：77-79. | 幽默、友好、可信赖、善良、合适、健谈 |
| Berechee P. & P. Ball. A study of sex，accent-broadness and Australian sociolinguistics identity. | 美妙、舒适、有吸引力 |

续表

| 来源 | 形容词词汇 |
| --- | --- |
| Carranza M. & E. Ryan. Evaluative reactions of Bilingual Anglo and Mexican American adolescents towards speakers of english and spanish [J]. International Journal of the Sociology of Language, 1975 (6): 83-104. | 更诚实、更诚恳、更有魅力、更正直 |
| Oscar Jr. &BLain E. Advertising to bilinguals: Does the language of advertising influence the nature of thoughts? [J]. Journal of Marketing, 2008, 72 (5): 69-83. | 性感、美丽、吸引力和优美 |
| Julia, D. Promoting a Minority Language to Majority Language Speakers: Television Advertising about the Maori Language Targeting Non-Maori New Zealanders [J]. Journal of Multilingual and Multicultural Development, 2010, 31 (6): 515-529. | 亲切、热情、开心 |
| Carmel L. Vaisman. Beautiful Script, cute spelling and glamorous words: Doinggirlhood through language playfulness on Lsraeli Blogs [J]. Language & Communication, 2014 (34): 68-80. | 不寻常、独特、丰富多彩、流行、美丽、可爱、迷人 |

上述经文献法归纳的形容词词汇，由于来自不同的作者和年代，难免出现大量重复。同时也因从不同视角对语言特征进行描述，所以部分形容词也未必适合对网络语言风格进行描述。我们结合上文对网络语言风格所做的定义，按照合理性、代表性原则，对上述词汇进行整理汇总。

（3）网络和《现代汉语词典》中搜集的词汇。此外，我们还通过网络查找和翻阅《现代汉语词典》两种方法，对描述语言特征的形容词词汇进行再次搜集。

最终，将访谈法、文献法、网络查找和翻阅《现代汉语词典》等来源的形容词词汇进行汇总，共搜集量表关键形容词 156 个，汇总结果见表3-3。

表 3-3　量表关键形容词汇总

| | | | | | | | | | | | |
|---|---|---|---|---|---|---|---|---|---|---|---|
| 傲慢 | 悲愤 | 悲壮 | 奔放 | 苍劲 | 超脱 | 沉郁 | 纯粹 | 淳朴 | 沧桑 | 清淡 | 愤世嫉俗 |
| 纯真 | 纯正 | 粗野 | 粗壮 | 淡雅 | 低调 | 跌宕 | 愤慨 | 感性 | 低沉 | 明快 | 刚柔相济 |
| 刚健 | 高调 | 果敢 | 酣畅 | 豪爽 | 豪壮 | 和缓 | 欢快 | 恢宏 | 飘逸 | 凄婉 | 沁人心脾 |
| 浑厚 | 激昂 | 坚贞 | 妖娆 | 旷达 | 乐观 | 冷酷 | 理性 | 冷峻 | 精巧 | 严谨 | 含蓄委婉 |
| 亲和 | 另类 | 随意 | 时尚 | 童趣 | 亲和 | 清新 | 幽默 | 激进 | 天真 | 硬朗 | 有生机 |
| 顽皮 | 甜美 | 细腻 | 野趣 | 尖锐 | 强劲 | 明丽 | 优美 | 纯真 | 大胆 | 简洁 | 直接形象 |
| 理智 | 粗犷 | 可爱 | 奢华 | 讽刺 | 民俗 | 醒目 | 稚拙 | 威严 | 讽刺 | 乖巧 | 有格调 |
| 沉郁 | 韵律 | 率真 | 叛逆 | 朴实 | 平淡 | 调侃 | 自嘲 | 挖苦 | 刚健 | 细致 | 通俗自然 |
| 幽默 | 真诚 | 大方 | 正直 | 优美 | 性感 | 亲切 | 可爱 | 温和 | 刺激 | 旷达 | 戏剧化 |
| 活泼 | 通俗 | 新奇 | 朴实 | 浓烈 | 柔和 | 豪气 | 直爽 | 豪放 | 庄重 | 飘逸 | 自然生动 |
| 柔婉 | 繁丰 | 明快 | 文雅 | 雄健 | 典雅 | 文雅 | 壮丽 | 雄浑 | 沉着 | 悲慨 | 自然生动 |
| 含蓄 | 疏野 | 可爱 | 幽默 | 通俗 | 豪爽 | 委婉 | 善感 | 讽刺 | 朴实 | 强劲 | 平实质朴 |
| 精致 | 中庸 | 优雅 | 粗犷 | 亲和 | 时尚 | 新奇 | 简洁 | 嚣张 | 真切 | 温馨 | 果敢 |

## 2. 项目简化

汇总后的 156 个词汇依旧可以发现存在明显重复、语义过于相近以及不适合描述网络语言风格的形容词存在，因此有必要进行再次的筛选和整理。为避免笔者个人的主观效应，此轮筛选邀请到 4 名营销专业研究生和 1 名技术经济专业研究生共同参与。经过筛选后，量表关键词缩小为 55 个。

最后，为保证量表的合理性与权威性，我们听取了 3 名营销学教授和 1 名语言学教授的专家意见，对量表关键形容词进行了相应的修正，最终量表关键形容词精简为 35 个，具体见表 3-4。

表 3-4　最终筛选后的关键形容词汇总

| | | | | | | | | | | | |
|---|---|---|---|---|---|---|---|---|---|---|---|
| 亲和 | 委婉 | 清新 | 激进 | 尖锐 | 优美 | 新颖 | 粗犷 | 可爱 | 讽刺 | 率真 | 叛逆 |
| 自嘲 | 简洁 | 硬朗 | 冷峻 | 浪漫 | 露骨 | 洒脱 | 精致 | 傲慢 | 苍劲 | 纯正 | 高端大气 |
| 欢快 | 激昂 | 飘逸 | 凄婉 | 幽默 | 温馨 | 温和 | 豪放 | 善感 | 不拘一格 | | 通俗质朴 |

## （二）初步确定维度

### 1. 调研对象的选择

我们在选择调研对象时，选取了年龄在18周岁至40周岁之间，有上网经历的消费者。这种选择主要是出于以下考虑：第一，18周岁至40周岁的消费者，大多数都出生在80年代之后，通常都接触过互联网。第二，这个年龄段的消费者，往往都接受过良好的教育。由于我们采用的是自填式问卷，且问卷内容属于需要深度认知的抽象性问题，故对于被调查者在阅读能力及理解能力上具有一定的要求。

### 2. 网络语言的选择

查阅关于网络语言搜集和整理的资料我们发现，当前我国网络语言的搜集整理还比较杂乱。从统计标准来看主要有以下七类：百度风云榜年度盘点、《咬文嚼字》、148知识网（网站）、经典语录网络流行语（网站）、网络流行语（网站）、各大媒体公布的新闻、百度文库。其中最具权威性的是百度风云榜年度盘点和《咬文嚼字》，这两个机构统计的数据每年皆有发布，其中《咬文嚼字》最早发布于2008年，“百度风云榜年度盘点”则是2013年开始正式统计和发布。《咬文嚼字》是国家级权威刊物，在国内外影响较大。“百度风云榜年度盘点”是由全球最大的中文搜索引擎——百度公司，在海量的用户数据中，通过爬虫技术获得。因此二者的数据权威性都很高，但是这两个机构每年只对外公布十大网络流行语。

此外，网络流行语是一个专门统计网络语言的官方网站，该网站通过网民自行投票累积，如果网站内没有相应的网络语言，那么网民可以自行添加，后续在此基础上就其流行程度投票。该网站的评选机制比较合理，但该网站知名度相对较低，网民参与广度存在不足。148知识网（网站）和经典语录网络流行语（网站）虽有网站来源，但完全没有评选依据。此外，百度文库和各大媒体每年皆有总结，但由于评选依据不明和内容缺乏完整性，可用性较差。

在网络语言选择上，坚持权威性与内容完整性并重。故在网络语言搜集时以网络流行语（网站）统计的 2014 年 1 月 12 日至 2014 年 12 月 24 日的数据为准（2014 年数据中不仅包含当年流行部分，也包含过去流行部分），而以《咬文嚼字》、百度风云榜年度盘点和各大媒体报道的近三年数据进行补充。最终整理后共搜集 1521 条网络语言，其中网络流行语（网站）1241 条，《咬文嚼字》、百度文库、百度风云榜年度盘点和媒体报道 280 条。

### 3. 问卷设计

网络语言的选择采用随机抽取的方法，从搜集整理的 1521 条网络语言中，以测项的 10 倍标准抽选 350 条用于问卷设计。考虑到 350 条网络语言同时存在于一份问卷的可实施性较差，决定将 350 条网络语言设计成一套拥有 44 份问卷的量表，每一份问卷由 8 条网络语言组成（第 44 份问卷由 6 条网络语言组成）。量表具体包括如下两个部分：

第一部分为网络语言和量表关键形容词组成的测项。量表共计 35 个测项，笔者采用李克特 5 分量表来对网络语言风格的类型进行测量和考察，根据消费者对各条网络语言认知程度的不同，将问题的答案分成“非常不同意”“不同意”“态度中立”“同意”“非常同意”，并分别赋值 1 分、2 分、3 分、4 分、5 分。

第二部分为基本人口统计资料，主要包括被调查对象的性别、年龄、平均每天上网时长、学历、职业等。

### 4. 调研实施

调查问卷包括 35 个测项，调查对象为 18 岁以上 40 周岁以下，接触过网络语言的消费者。采用室外便利抽样的方式，在深圳大学、深圳宝安机场、深圳北火车站和深圳罗湖火车站进行问卷调研。最终，共发放调查问卷 528 份，回收问卷 480 份，回收率为 96%。其中有效问卷 443 份，有效率为92.3%。

## （三）量表的探索性分析

### 1. 信度分析

采用SPSS18.0对上述350条数据进行检验，Cronbach's Alpha值为0.926，同时所有35个测项中，有一个测项——“激进”的项目——总体相关系数值小于0.4，故删除该测项。对剩余34个测项做整体的信度分析，所得Cronbach's Alpha值为0.928，表明数据具有较好的内部一致性。

### 2. 因子分析

探索性因子分析主要用于挖掘可观测变量的基本特征和彼此的关联性，并在此基础上产生可揭示共性的观测变量的潜在因子。

（1）KMO值和Bartlett球形检验。根据上文对数据的处理结果，搜集的350条数据的KMO值为0.905，Bartlett球形检验的p值小于0.05，说明本文的量表数据适合做因子分析。因子对原始变量信息的反映情况如表3-5所示。

表3-5　公因子方差

| 关键词 | 初始值 | 提取值 | 关键词 | 初始值 | 提取值 | 关键词 | 初始值 | 提取值 |
|---|---|---|---|---|---|---|---|---|
| 亲和 | 1 | 0.582 | 自嘲 | 1 | 0.789 | 欢快 | 1 | 0.732 |
| 委婉 | 1 | 0.603 | 善感 | 1 | 0.622 | 激昂 | 1 | 0.674 |
| 清新 | 1 | 0.663 | 硬朗 | 1 | 0.701 | 飘逸 | 1 | 0.624 |
| 尖锐 | 1 | 0.606 | 浪漫 | 1 | 0.724 | 凄婉 | 1 | 0.701 |
| 优美 | 1 | 0.675 | 高端大气 | 1 | 0.694 | 幽默 | 1 | 0.598 |
| 新颖 | 1 | 0.673 | 通俗质朴 | 1 | 0.541 | 洒脱 | 1 | 0.567 |
| 粗犷 | 1 | 0.724 | 不拘一格 | 1 | 0.636 | 温馨 | 1 | 0.742 |
| 可爱 | 1 | 0.666 | 精致 | 1 | 0.637 | 温和 | 1 | 0.700 |
| 讽刺 | 1 | 0.737 | 傲慢 | 1 | 0.685 | 豪放 | 1 | 0.694 |
| 率真 | 1 | 0.561 | 苍劲 | 1 | 0.724 | 简洁 | 1 | 0.603 |
| 叛逆 | 1 | 0.721 | 露骨 | 1 | 0.593 | 纯正 | 1 | 0.720 |
| 冷峻 | 1 | 0.643 | | | | | | |

表 3-5 中第一列数据为网络语言风格的关键词，即可观测到的变量；第二列初始值为主成分提取因子时变量的初始共同度，其值为 1.000；第三列提取值为所提取的因子计算的共同度，即提取公共因子或潜在变量后，公共因子或潜在变量在多大程度上反映了原始变量的信息。从表 3-5 中可以看出，除关键词“亲和”“通俗质朴”“露骨”“洒脱”“幽默”的提取值稍低，且最低者也为 0.541，其余 29 个关键词的提取值都高于 0.6，由此可以说明所提取的因子基本上可以较好地反映各原始变量的信息。

（2）公因子提取及命名。一般确定公因子提取个数的方法有：①Kaiser's 特征值（或特征根）必须大于 1 法则，进行提取并确定因子个数和相应的累计方差贡献率；②根据研究的需求，预先对公因子提取个数进行限定；③根据累计方差贡献率的数值确定公因子提取个数。其中第一种提取方法运用最为广泛，在本章中也通过这种方法确定公因子提取个数。

表 3-6 是运用主成分分析法并通过正交旋转后得到的方差解释分析表，表 3-7 是经正交旋转后的成分矩阵。

**表 3-6　方差解释分析表**

| 解释的总方差 | | | | | | | | | |
|---|---|---|---|---|---|---|---|---|---|
| 成分 | 初始特征值 | | | 解释的总方差 | | | 提取平方和载入 | | |
| | 合计 | 方差百分比（%） | 累计方差百分比（%） | 合计 | 方差百分比（%） | 累计方差百分比（%） | 合计 | 方差百分比（%） | 累计方差百分比（%） |
| 1 | 10.335 | 30.397 | 30.397 | 10.335 | 30.397 | 30.397 | 4.820 | 14.175 | 14.175 |
| 2 | 3.471 | 10.208 | 40.605 | 3.471 | 10.208 | 40.605 | 4.479 | 13.175 | 27.350 |
| 3 | 2.969 | 8.732 | 49.337 | 2.969 | 8.732 | 49.337 | 3.531 | 10.386 | 37.736 |
| 4 | 1.992 | 5.859 | 55.197 | 1.992 | 5.859 | 55.197 | 3.087 | 9.080 | 46.816 |
| 5 | 1.420 | 4.175 | 59.372 | 1.420 | 4.175 | 59.372 | 2.695 | 7.926 | 54.742 |
| 6 | 1.245 | 3.663 | 63.035 | 1.245 | 3.663 | 63.035 | 2.097 | 6.166 | 60.909 |
| 7 | 1.161 | 3.413 | 66.448 | 1.161 | 3.413 | 66.448 | 1.883 | 5.539 | 66.448 |

**表 3-7 旋转后的成分矩阵**

| | 成分矩阵 | | | | | | |
|---|---|---|---|---|---|---|---|
| | 1 | 2 | 3 | 4 | 5 | 6 | 7 |
| 亲和 | | 0.726 | | | | | |
| 委婉 | | 0.690 | | | | | |
| 清新 | | 0.782 | | | | | |
| 优美 | | 0.758 | | | | | |
| 新颖 | | 0.711 | | | | | |
| 可爱 | | 0.725 | | | | | |
| 尖锐 | | | | | 0.744 | | |
| 粗犷 | | | | | 0.692 | | |
| 讽刺 | | | | 0.567 | 0.599 | | |
| 率真 | | | | 0.598 | | | |
| 叛逆 | | | | 0.636 | | | |
| 自嘲 | | | | 0.786 | | | |
| 善感 | | | | 0.702 | | | |
| 硬朗 | | | | 0.596 | | | |
| 浪漫 | | | | | | 0.550 | |
| 高端大气 | | | | | | 0.537 | |
| 露骨 | | | | | | 0.552 | |
| 洒脱 | 0.656 | | | | | | |
| 精致 | 0.644 | | | | | | |
| 傲慢 | 0.692 | | | | | | |
| 苍劲 | 0.793 | | | | | | |
| 纯正 | 0.795 | | | | | | |
| 欢快 | 0.720 | | | | | | |
| 激昂 | 0.658 | | | | | | |
| 飘逸 | | | 0.566 | | | | |
| 凄婉 | | | 0.717 | | | | |
| 幽默 | | | 0.715 | | | | |
| 通俗质朴 | | | 0.701 | | | | |
| 温馨 | | | 0.631 | | | | |
| 温和 | | | 0.576 | | | | |
| 简洁 | | | 0.523 | | | | |
| 豪放 | | | | | | | 0.650 |
| 不拘一格 | | | | | | | 0.732 |
| 冷峻 | 0.353 | 0.035 | 0.053 | 0.306 | 0.430 | 0.467 | 0.147 |

由表3-6可以看出，前7个因子的特征根都大于1，累计方差贡献率达到66.448%，因此可以将前7个公因子作为因子分析提取的最大因子数目。

表3-7是以最大方差正交旋转法进行了10次迭代之后收敛的成分矩阵。从表3-7中旋转后的因子载荷系数发现，除关键词“冷峻”在各公因子上的载荷系数皆小于0.5外，其余33个关键词的因子载荷系数都大于0.5。此外，关键词“讽刺”的因子载荷系数在公因子4和公因子5上都大于0.5。根据旋转后因子负荷值小于0.5，或者同时在两个因子上的负荷值都大于0.5的标准，将“讽刺”和“冷峻”两个关键词删除。最后共提取7个公因子。

公因子1包含“洒脱、精致、傲慢、苍劲、纯正、欢快、激昂”等7个形容词。这些词汇或从人物性格特征上传达一种彰显自我的快感，如洒脱、傲慢等；或带给他人某种淳正、振奋等爽朗之气。一个“爽”字可基本将其概括。“爽”具有舒服，使人感到愉悦之意，是一种发自内心深处的不由自主而感到的莫名的惬意。

公因子2包含“亲和、委婉、清新、优美、新颖、可爱”等6个描述性形容词。这6个形容词大都体现一种适度的美或者好，如“亲和”指“平易和善、恰到好处”。这些词与雅具有相似性，在我国汉语中雅致具有“得体、正确”之意，故将公因子2定义为“雅”。

公因子3包含“飘逸、凄婉、幽默、通俗质朴、温馨、温和、简洁”7个形容词，大多是描述网络语言在修辞和表达风格上的巧妙。“巧”在汉语中“具有心思活敏、技术高超”之意，故公因子3可命名为“巧”。

公因子4包含“率真、叛逆、自嘲、善感、硬朗”等5个形容词。率真具有直率真诚之意；叛逆、自嘲、善感都在强烈地展现自我。故以一个“真”字命名公因子4。

公因子5包含“尖锐、粗犷”两个形容词。这2个词体现出一种语言风格上的攻击性，可用一个“利”字加以归纳。

公因子6包含“浪漫、高端大气、露骨”3个形容词。大多体现烂漫、诗意、美幻，或强调档次、品位，因此用“美”进行命名。

公因子7包含“豪放、不拘一格”2个形容词，豪放指气魄大而无所拘束，不拘一格指不局限于一种规格或一个格局，随性而动。故用“活”字加以概括。

至此，我们对通过因子分析提取出来的7个公因子全部进行了命名，分别是“爽”“雅”“巧”“真”“利”“美”“活”7个维度，但是为了进一步确定量表的可信度，有必要对开发的七个维度进行信效度的重新检验。

（四）维度确认

### 1. 信度检验

对上文量表7个公因子的Cronbach's α系数进行计算，结果发现7个公因子中有5个公因子的Cronbach's α系数大于0.8，剩余两个分别为0.66、0.67（见表3-8）。基于同属模型的组合信度，最终计算出网络语言风格类型量表7个公因子的组合信度值，其结果均大于等于0.7，符合Hair（2006）提出的标准。因此，有理由认为本量表具有合格的信度。

**表3-8 信度检验**

| | Cronbach's α | CR值 | 测项数目 |
|---|---|---|---|
| 总量表 | 0.928 | | 32 |
| 爽 | 0.882 | 0.885 | 7 |
| 雅 | 0.858 | 0.858 | 6 |
| 巧 | 0.850 | 0.847 | 7 |
| 真 | 0.803 | 0.804 | 5 |
| 利 | 0.660 | 0.700 | 2 |
| 美 | 0.816 | 0.817 | 3 |
| 活 | 0.670 | 0.700 | 2 |

### 2. 效度检验

效度检验结果如下：$\chi^2/df = 3.94$，RMSEA = 0.095（p<0.1），NFI = 0.9，NNFI = 0.91，CFI = 0.92，IFI = 0.92，结果比较理想。辅助指标中 GFI = 0.74、AGFI = 0.69 小于建议值，但 Hair（2006）就结构方程模型（SEM）中 GFI、AGFI 指标的意义进行了说明，认为对于模型的拟合程度而言，本身就没有绝对的 GFI 和 AGFI 标准。此外，Baumgartner 和 Homburg（1996）也进行过类似的研究，并得出 GFI 与 AGFI 低于建议值模型依旧可以接受的结论。因此，通过对拟合系数的整体指标进行考量，认为本章模型拟合可以接受。

## 三、网络语言风格量表应用

### （一）网络语言风格与品牌个性

上文对网络语言风格量表的内容效度和结构效度做了比较全面的分析和论证，发现最终确定的网络语言风格量表具有比较好的效度，是符合研究需求的。在这一部分，我们对量表的预测效度进行相应的探讨，以使该量表的效度分析更加全面。

我们选取品牌个性作为因变量来检验该量表的预测效度。品牌个性的驱动因素包含产品因素和非产品因素两大类，广告风格作为非产品因素的重要组成部分，对品牌个性的形成有着重要的影响。而广告语言作为广告的核心要素，对于广告整体风格的形成至关重要。因此，有理由认为网络语言对品牌个性的形成存在显著性的影响。基于这种思路，网络语言风格类型量表的预测效度可以通过检验以下假设进行考察。

假设：不同风格类型的网络语言对同一品牌的品牌个性形成具有显著影响。

（二）实验设计

为检验假设，我们采用单因素组间实验设计。实验材料包括两个版本。组 1 采用由“么么哒”为主要文案设计的长款搭扣钱包图片广告，组 2 采用“今天你对我爱理不理，明天我让你高攀不起”为文案的同款产品图片广告。两个版本的实验材料除广告文案有差异，其他部分完全相同，包括文案的字体、字号、文字颜色以及图文配置方式等（采用楷体、白色、46 号字体，以竖排方式放在图片左边）。产品图片选自淘宝店铺真实产品——长款搭扣钱包。实验中的广告图片没有显示产品的国家和生产企业等信息。品牌和 LOGO 为虚构。正式实验前，我们访问了 5 名本科生和 5 名研究生对实验材料的看法，10 名被访者均表示实验材料中的两个文案呈现不同的风格类型。

在测量品牌个性时，营销学领域主流的量表有珍妮弗 · 艾克的品牌个性大五模型和中山大学黄胜兵、卢泰宏教授提出的本土化测量维度两套量表。考虑到量表的权威性和被实践检验程度，我们采用前者，即品牌个性大五模型进行本部分预测效度的实证分析。

此外，被试还填写了网络语言风格量表，对实验文案中的网络语言风格类型进行测试。在实验后测量了被试的人口统计特征。

实验地点为深圳大学，参加实验的被试共计 200 人，随机分成 2 组，每组 100 人。实验安排在 2 天的不同时段进行。

由于部分被试未填写、未填写完整或未按照要求正确填写问卷，剔除这些问卷后回收有效问卷 171 份，其中实验组 1（网络语言为“么么哒”）为 81 份，实验组 2（网络语言为“今天你对我爱理不理，明天我让你高攀不起”）为 90 份。本次实验的目的主要是通过考察同一品牌的品牌个性在受到不同风格类型的网络语言文案的影响时会产生什么差异，因此有必要保证被试熟悉 2 条网络语言，同时不熟悉实验品牌。在本次实验开始前，我们询问了被试对实验中网络语言的熟悉度和对实验品牌的认识情况，结果显示所有被试都对实验的品牌感到陌生，同时对相应的网络语言都有所了解。

（三）实验结果

对上文实验搜集的171条数据做信度分析，以检验量表的内部一致性是否符合要求，分析结果显示Cronbach's Alpha值为0.855，这说明量表的内部一致性达到要求。

对以“么么哒”为文案的实验组1和以“今天你对我爱理不理，明天我让你高攀不起”为文案的实验组2的数据进行处理，分别得到两条网络语言在7个风格类型上的均值（见表3-9），以及两组在5个品牌个性维度上的均值（见表3-10）。

**表3-9　网络语言风格均值**

| 网络语言 | 网络语言风格类型 | | | | | | |
|---|---|---|---|---|---|---|---|
| | 雅 | 利 | 真 | 美 | 爽 | 巧 | 活 |
| 么么哒 | 3.53 | 1.54 | 2.48 | 2.68 | 2.44 | 3.09 | 2.83 |
| 今天你对我爱理不理，明天我让你高攀不起 | 2.36 | 3.59 | 3.28 | 2.66 | 2.94 | 2.47 | 3.37 |

**表3-10　网络语言品牌个性均值**

| 网络语言 | 品牌个性维度 | | | | |
|---|---|---|---|---|---|
| | 纯真 | 刺激 | 称职 | 教养 | 强壮 |
| 么么哒 | 2.76 | 3.70 | 2.72 | 2.68 | 2.38 |
| 今天你对我爱理不理，明天我让你高攀不起 | 2.24 | 2.76 | 2.91 | 3.60 | 2.81 |

相关分析结果显示，实验组1中“么么哒”的风格类型——“雅”与五个品牌个性类型“刺激”“纯真”“称职”“教养”“强壮”之间的相关系数分别为0.52（$p<0.01$），0.473（$p<0.01$），0.256（$p<0.05$），0.203（$p>0.05$），0.072（$p>0.05$）。对于实验组1网络语言“么么哒”来说，网络语言风格“雅”与品牌个性“刺激”之间的影响关系最

明显。

实验组 2 中网络语言“今天你对我爱理不理，明天我让你高攀不起”的风格类型——“利”与五个品牌个性类型“刺激”“纯真”“称职”“教养”“强壮”之间的相关系数分别为 0.064（$p>0.05$），-0.043（$p>0.05$），0.162（$p>0.05$），-0.543（$p<0.01$），0.298（$p<0.05$）。对于实验组 2 网络语言“今天你对我爱理不理，明天我让你高攀不起”来说，网络语言风格“利”与品牌个性“教养”之间的相关关系最明显。从相关分析结果可以发现，网络语言风格类型与品牌个性之间存在一定的关系。

采用单因素方差分析方法，发现实验组 1“么么哒”的风格——“雅”与其余六类风格之间存在显著性差异，品牌个性——“刺激”与其余四种个性之间存在显著性差异；实验组 2“今天你对我爱理不理，明天我让你高攀不起”的风格——“利”与其余六类风格之间存在显著性差异，相应品牌个性——“教养”与其余四种个性之间存在显著性差异。同时实验组 1“么么哒”的风格与实验组 2“今天你对我爱理不理，明天我让你高攀不起”的风格存在显著性差异。上述检验初步证明，不同类型的网络语言风格对于不同的品牌个性会产生一定的影响，在一定程度上检验了该量表对于品牌个性的预测效度。

## 四、结论与讨论

### （一）主要结论

#### 1. 网络语言风格定义

本章采用质性研究方法，利用文献归纳法对国内外关于网络语言、广告语言、风格学等主题的相关文献进行梳理，将网络语言风格定义为：消费者对网络语言呈现的一系列言语特点的感性综合把握。考虑到消费者对广告语言的认知通常是综合的感性认知这一事实，故在风格定义上未完全采用语言学从修辞、文体或语义等方面来定义语言风格的做法，而将其定义为更适合消费者感受的对语言特点的综合把握，在此情境中的网络语言风格既可能来自气氛格调，也可能来自修辞、文体和语义，甚至是文字所体现的时代背景、民族背景和群体背景。

### 2. 网络语言风格类型

通过深度访谈法、文献法、翻阅《现代汉语词典》以及网络查找等方法，最终共搜集适合描述网络语言风格的形容词 156 个，经过多次筛选，最终确认用于初步量表设计的关键形容词 35 个。

运用筛选完毕的关键形容词，在进行第一轮的探索性分析后，对量表进行关键形容词的修正，缩减为 32 个。最后通过因子分析提取出 7 个公因子，公因子 1 被命名为“爽”，包含洒脱、精致、傲慢、苍劲、纯正、欢快、激昂 7 个描述性形容词词汇；公因子 2 被命名为“雅”，包含亲和、委婉、清新、优美、新颖、可爱 6 个描述性形容词词汇；公因子 3 被命名为“巧”，包含飘逸、凄婉、幽默、通俗质朴、温馨、温和、简洁 7 个描述性形容词词汇；公因子 4 被命名为“真”，包含率真、叛逆、自嘲、善感、硬朗 5 个描述性形容词词汇；公因子 5 被命名为“利”，包含尖锐、粗犷 2 个描述性形容词词汇；公因子 6 被命名为“美”，包含浪漫、高端大气、露骨 3 个描述性形容词词汇；公因子 7 被命名为“活”，包含豪放、不拘一格 2 个描述性形容词词汇。

### 3. 网络语言风格量表

根据上文构建 32 个网络语言风格类型的测项，以及最终提取的 7 个公因子，最终开发出网络广告语言风格类型测量的正式量表（见表 3-11）。

表 3-11　网络广告语言风格类型测量量表

| 公因子 | 观测变量 |
|---|---|
| 雅 | 亲和 |
| | 委婉 |
| | 清新 |
| | 优美 |
| | 新颖 |
| | 可爱 |
| 利 | 尖锐 |
| | 粗犷 |
| 真 | 率真 |
| | 叛逆 |
| | 自嘲 |
| | 简洁 |
| | 硬朗 |
| 美 | 浪漫 |
| | 高端大气 |
| | 露骨 |
| 爽 | 洒脱 |
| | 精致 |
| | 傲慢 |
| | 苍劲 |
| | 纯正 |
| | 欢快 |
| | 激昂 |
| 巧 | 飘逸 |
| | 凄婉 |
| | 幽默 |
| | 通俗质朴 |
| | 温馨 |
| | 温和 |
| | 善感 |
| 活 | 豪放 |
| | 不拘一格 |

## （二）理论意义与管理启示

### 1. 理论意义

首先，本章在借鉴语言风格定义的基础上提出了网络语言风格定义，拓展和丰富了网络语言研究的内容。其次，所开发的网络语言风格类型量表可以作为一个测量网络语言风格的工具，供其他网络语言研究者参考和比较。再次，本研究有助于进一步丰富品牌个性理论。品牌个性塑造的影响因素很多，网络语言风格也可能是重要的影响变量之一。最后，网络语言风格类型量表为网络语言广告研究提供了新的切入视角和研究工具，有助于进一步研究网络语言风格与品牌个性之间的相关关系。

### 2. 管理启示

互联网的快速发展催生出越来越多的网络语言，且众多的网络语言风格各异。越来越多的企业和品牌尝试选择网络语言用于传播信息。此时，如何对网络语言进行筛选，选择与自身品牌个性更为匹配的网络语言用于广告制作则成为关键。本章为网络语言风格类型的研究提供了一个对网络语言风格进行测量的工具，可以在管理实践中发挥测量特定网络语言风格的作用，从而实现与品牌个性的高度匹配，同时避免误用网络语言对品牌形象可能造成的伤害。

# 第四章

# 网络语言与标准语言广告效果比较

在商业传播中，尽管很多企业在广告中使用网络语言，但我们却对网络语言广告的效果依然所知不详。其主要原因是少有文献对于网络语言广告的传播效果进行实证研究，尤其是对网络语言广告和标准语言广告的效果缺乏比较研究。

在对综合语言学、营销学和心理学相关文献进行研究的基础上，我们试图为这一问题寻求可能的答案。AIDA 模型认为，广告效果不是一个笼统的概念，而是可以分为四个层次。消费者从接触外界营销信息到完成购买行为，根据其反应程度的不同，可划分为注意（Attention）、兴趣（Interest）、欲望（Desire）和行动（Action）四个连续的阶段。本章主要介绍网络语言和标准语言广告在广告注意和广告感知两个方面的效果比较。

首先，我们采用了眼动的方法考察了网络语言对广告注意的影响。借助眼动仪，我们可以跟踪和测量消费者对网络语言广告的注意情况，包括注视区域、注视时长、瞳孔直径等指标，从而定量地考察网络语言对广告注意产生的具体效果。结果发现，在广告中使用网络语言能够显著增加受众对于广告文案的注意，同时，在广告观看时间有限的情况下，网络语言会减少受众对于广告图片的注意。其次，我们通过实验法研究了网络语言对受众广告感知的影响，包括广告评价、广告信任等。结果发现，受众能够感知网络语言的趣味性，从而提升他们对于广告的评价。但广告采用网络语言文案也存在一定的负面效应，网络语言的不严谨性会降低受众对广告的信任度。

## 一、研究假设

### （一）对广告注意的影响

广告的传播效果是指从消费者接触广告到最后产生购买行为的一个连续的心理过程。研究发现这一连续的过程可以被进一步分为几个层次。例如，有学者认为广告的功能通过六个步骤来实现，分别是知名、了解、喜欢、偏好、信服和购买（Lavidge & Steiner，1961）。这种将广告效果细分的思路得到了广泛的认同，后来形成了 AIDA 模型，即将这一过程分为注意、兴趣、欲望和行动四个层次。

不管是哪一类的广告效果模型，一般都将广告注意看作广告效果阶段模型中的最初环节，并对后续广告效果有着重要作用。出于两个方面的原因，我们假设，相比于标准语言，使用网络语言会显著增加受众对于广告文本的注意。

第一，在有关广告注意的文献中，研究者发现广告的创新性能够提高受众对广告的注意程度。Krugman、Fox、Fletcher、Fischer 和 Rojas（1994）在关于烟盒上的健康警示语的研究中发现，相比于法定的常规警告，更多青少年会注视到新颖的警示标志，并且注意到的速度也更快。Pieters 等（2002）在平面广告创新性的注意效果研究中也发现，创新型的广告会得到更多的品牌注意，其中创新性和熟悉性都很高的广告得到了更多的品牌注意，品牌记忆也得到了相应的提升。类似地，相比于标准语言，网络语言文本具有新颖的特点，当某个网络语言成为“流行语”时，对于受众而言又兼具了一定的熟悉性。因此，我们推论，使用网络语言的广告文案能够吸引更多的注意。

第二，相比于标准语言，网络语言具有很强的趣味性，通常被形容为有趣的、幽默的。已有研究表明，幽默能够提高受众对于广告的注意。

Eisend（2009）通过元分析的方法研究发现，广告中的幽默具有很强的吸引受众注意的能力。Zillmann、Williams、Bryant、Boynton 和 Wolf（1980）认为受众会集中注意广告中的幽默信息，因为幽默能够引起愉悦的心理反应，从而刺激注意力的集中。因此，网络语言的趣味性能够帮助吸引更多的受众注意，尤其是对于广告文案的注意。根据上述讨论，我们提出如下假设：

假设 1：相比于标准语言，使用网络语言作为广告文案会显著增加受众对于广告文案的注意。

另外，一个值得注意的问题是，在提高受众对于广告文案的注意的同时，网络语言文案是否会减少受众对于广告中其他元素的注意？随着互联网，尤其是移动互联网的迅猛发展，一个和以往平面广告媒介（如报纸和杂志等）不同的情况是，平面广告在电子媒体上呈现的时间往往是有限的。比如，在视频和某些手机应用中插入的平面广告的时间是一定的。这就意味着受众对于广告的注意时间不会超过广告呈现的时间。在这样的情况下，同一个广告中的不同元素事实上也在竞争受众的注意力资源。受众本身的注意力资源也是有限的，在对某个对象投入注意的同时，不可能对另外的对象保持注意（Kahneman，1973）。因此，受众对于广告文案的注意的提升在客观上会减少对于广告中其他元素（如图片）的注意资源。由此，我们提出如下假设：

假设 2：在广告呈现时间一定的条件下，相比于标准语言，使用网络语言作为广告文案会显著减少受众对于广告图片的注意。

### （二）对广告信任的影响

广告信任是指受众对于广告所产生的感知信任程度。消费者对于品牌和公司的信任是营销中的有力工具（Sirdeshmukh，Singh & Sabol，2002），因为承诺和信任在关系营销中有着的巨大作用（Morgan & Hunt，1994）。因此，广告信任是检验广告效果的重要指标之一。

信号理论指出，除了传播内容外，传播载体本身的特性也是一种传播信号，会对受众的感知产生影响。研究表明，不规范的传播材料和载体会降低受众的信任感。例如，邮件中的拼写和语法错误会降低信息接收者对信息发出者的严谨性和可信性感知（Vignovic & Thompson，2010）。Hagtvedt（2013）在研究不完整的商标对于消费者品牌感知的时候发现，部分残缺的商标会显著降低受众对于品牌的信任感。李研和李东进（2013）发现，变异成语的使用会降低广告的严谨性，从而降低消费者对于企业的感知信任。类似地，网络语言文案也可能降低受众对于广告的信任。相较于标准语言，网络语言具有更强的随意性和句式结构的松散性，并且网络语言中经常出现“有意”的汉字拼写错误、语言符号以及外来语和标准汉语混用的情况，使语言表达不规范、不严谨（秦秀白，2003）。当网络语言应用到广告之中，其不规范性和不严谨性就会被消费者所感知，进而削弱对广告的信任。因此，相比于标准语言，网络语言也有可能降低受众的广告感知严谨性，从而降低广告信任。由此，我们提出如下假设：

假设 3：相比于标准语言，网络语言会显著降低受众的广告信任。

假设 4：受众的广告感知严谨性中介了假设 3 的效应。

### （三）对产品评价的影响

广告中的语言表达方式会影响被试对产品的评价。根据情感迁移理论，广告中使用的幽默能提升受众对广告的积极认知，并增强积极情感（Eisend，2011）。这是因为当受众处于一种积极的情绪中时，会对相关的事物产生积极的评价。也就是说，情感因素会迁移到个体的认知之中。因此，当广告给消费者带来积极的情感体验时，消费者对于广告、品牌和产品的评价也会更高（Jung，Min & Kellaris，2011）。Lee、Tinkham 和 Edwards（2005）也发现广告的趣味性越强，消费者体验到的快乐、高兴等积极情绪越多，而这种情绪往往容易与广告中的产品或品牌联系起来。

如前文所述，网络语言被认为具有较强的创新性和趣味性。因此，在广告中使用网络语言有可能提高受众的广告感知有趣性，进而提升对产品的评价。由此，我们提出以下假设：

假设 5：相比于标准语言，使用网络语言作为广告文案会显著提高受众的产品评价。

假设 6：受众的广告感知有趣性中介了假设 5 的效应。

研究的理论框架见图 4-1。

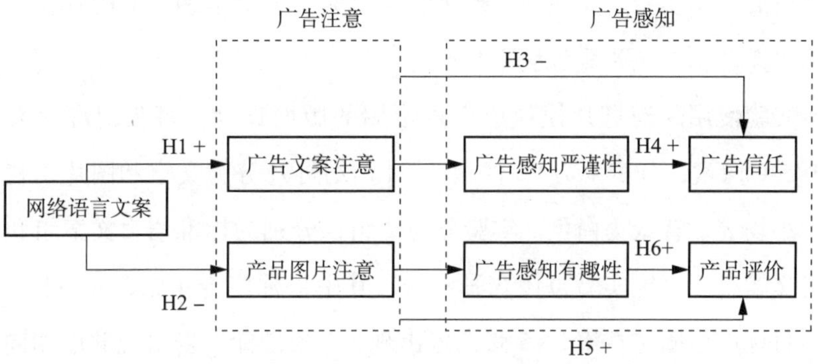


**图 4-1　研究的理论框架**

## 二、广告注意的比较

### （一）广告注意实验

我们设计了一个眼动实验来考察网络语言与标准语言文案对受众浏览广告时眼动模式的不同影响，从而对假设 1 和假设 2 进行验证。

#### 1. 实验设计和流程

实验在深圳大学的认知心理实验室中进行，实验室隔音、隔光。实验采用美国应用科学实验室的 ASL-D6 眼动仪，各项性能满足本实验要求。参考 Pieters 等（2002）的研究，实验选取以下三个眼动指标来反映被试的广告注意情况：①注视时间。注视时间是指被试对测量区域内兴趣区的注视停留时间的总和，单位为毫秒。②注视次数。注视次数是指被试在测量区域内兴趣区注视点的个数。③瞳孔直径。瞳孔直径是指被试对测量区域内兴趣区注视时瞳孔直径的变化。某些心理过程（如记忆、语言加工、情绪等）会影响瞳孔的大小变化。因此，瞳孔直径大小是测量信息加工时心理负荷的重要指标之一（Dionisio，Granholm，Hillix & Perrine，2001）。

实验采用平面广告作为实验材料。平面广告由品牌、图片和文案三个部分组成。本实验所关注的兴趣区域主要为广告文案和产品图片，广告文案为兴趣区 1，产品图片为兴趣区 2。

实验使用的幻灯片模拟成广告常用的版面设计，每张幻灯片大小为 720×540 像素，分辨率为 72 像素/英寸。幻灯片分为文字和图片两栏，两栏大小均等，背景为白色。实验分为 2 组，分别为标准语言文案组和网络语言文案组。每组实验包含 6 张广告，其中目标广告 4 张，非目标广告 2 张。目标广告固定在第 2~5 张位置出现，4 张目标广告出现顺序相同。非目标广告图片放在首尾各一张以避免首因和近因效应。

研究发现产品类型会影响注视时间（Pieters et al.，2002）。因此，本实验将每种类型广告分为高、低价值两种，价值高的产品卷入度高，价值相对较低的产品卷入度低。其中高卷入度产品选择照相机和音响，低卷入度选择矿泉水和牛仔裤。品牌名称选用近年来申请注册的陌生商标名称且不能从名称推测产品类别，以避免名称意义变量带来的影响（周象贤、金志成，2006）。每个品牌名称由两个汉字组成，分别为：金晨（相机）、迅特（音响）、倍嘉（矿泉水）和希雅（牛仔裤）。每张幻灯片由三部分内容构成：产品图示、品牌产品名称和广告文案（如图 4-2 和图 4-3 所示）。

为了控制字频、字数以及文案语义对于实验结果的影响，我们对实验材料中出现的文案进行了严格控制。各组文案的组间总字数差异仅为 4 字，行数差异为 1 行。在语义上，各组实验材料对于产品特征的描述也是一致的。比如，对于相机这一产品，网络语言和标准语言文案均体现了“性能”和“外观”这两个诉求点。在测试中，也未有被试表示两组文案之间存在语义上的显著不同。为了控制广告诉求方法带来的影响，两组实验材料均采用理性诉求的方式。

**图 4–2　标准语言组文案实验材料示例**

**图 4–3　网络语言组文案实验材料示例**

实验被试为大学在校学生 46 人，其中男女生各 23 人，年龄范围在 16~26 岁，所有被试视力（矫正视力）1.0 以上，色觉正常。实验分为 2 组，每组 23 人。各组被试为随机分配。

实验开始前，先向被试简要介绍实验的整体流程。在校准设备后，正式实验开始。屏幕依次出现 6 张广告图片，每张呈现时间为 6 秒。实验结束后，主试将被试的基本信息录入电脑，然后由另一名主试发放问卷给被试，问卷为针对眼动实验所观看广告的认知评定调查。

眼动仪自动采集两个兴趣区的眼动数据。在实验过程中，被试眼睛疲劳等因素会导致眼动仪无法记录到完整的数据，处理时我们将这些数据剔除。另外，如果在问卷中出现被试对所阅读的广告不能正确判别是否使用网络语言或者标准语言时，这些数据也被剔除。最终，标准语言文案组获得有效样本 18 个，网络语言文案组获得有效样本 20 个。

### 2. 样本控制

被试在各人口统计特征上的分布情况如表 4-1 所示。

**表 4-1　被试基本特征统计分析（*N*=38）**

| 基本特征 | 项目 | 标准语言文案组 | | 网络语言文案组 | |
|---|---|---|---|---|---|
| | | 人数 | 百分比（%） | 人数 | 百分比（%） |
| 性别 | 男 | 5 | 27.8 | 10 | 50.0 |
| | 女 | 13 | 72.2 | 10 | 50.0 |
| 年龄 | 18 岁及以下 | 2 | 11.1 | 1 | 5.0 |
| | 19~22 岁 | 12 | 66.7 | 11 | 55.0 |
| | 23~26 岁 | 4 | 22.2 | 8 | 40.0 |
| 上网时长/天 | 2 小时及以内 | 2 | 11.1 | 1 | 5.0 |
| | 2~4 小时 | 8 | 19.5 | 5 | 25.0 |
| | 4~6 小时 | 6 | 33.3 | 10 | 50.0 |
| | 6 小时及以上 | 2 | 11.1 | 4 | 20.0 |
| 受教育程度 | 大学本科 | 2 | 11.1 | 13 | 65.0 |
| | 研究生及以上 | 16 | 88.9 | 7 | 35.0 |
| 职业 | 学生 | 18 | 100.0 | 20 | 100 |
| 收入水平 | 2000 元及以下 | 18 | 100.0 | 20 | 100.0 |

我们对被试的基本统计特征进行分析以检验两组被试是否存在显著差异。结果显示，网络语言文案组和标准语言文案组在性别[$t(36)=1.40$, $p>0.05$]、年龄[$t(36)=1.26$, $p>0.05$]、上网时长[$t(36)=1.50$, $p>0.05$]、受

教育程度[$t(36)=1.75, p>0.05$]和收入水平[$t(36)=0.95, p>0.05$]上无显著差异。

实验后的问卷调查还对被试的网络语言熟练程度进行了测试。结果显示,被试在网络语言熟练程度上[$t(36)=0.34, p>0.05$]无显著差异,在标准语言熟练程度上[$t(36)=0.93, p>0.05$]也没有显著差异。

（二）实验结果

**1. 广告文案的眼动指标比较**

我们对实验结果进行方差齐性检验。结果发现，注视时间($p=0.119>0.05$)、注视次数($p=0.166>0.05$)和瞳孔直径($p=0.570>0.05$)在各组之间的方差齐性满足分析要求。

进一步分析显示,网络语言文案组和标准语言文案组的被试在注视时间上存在差异,被试对网络语言版本的广告文案的注视时间显著高于对标准语言文案的注视时间($M_{标准}=0.79, SD=0.41, M_{网络}=1.91, SD=0.69, d=1.99, t(36)=5.98, p<0.05$)。网络语言文案组被试和标准语言文案组被试在注视次数上存在差异显著,被试对网络语言文案的注视次数显著高于对标准语言文案的注视次数($M_{标准}=2.67, SD=1.26, M_{网络}=6.68, SD=1.80, d=2.62, t(36)=7.85, p<0.05$)。另外,两组被试的瞳孔直径也存在显著差异。被试在注视网络语言文案时的瞳孔直径显著大于注视标准语言文案时的瞳孔直径($M_{标准}=3.03, SD=0.24, M_{网络}=3.18, SD=0.26, d=0.68, t(36)=2.03, p<0.05$)。以上实验结果(如图 4-4 至图 4-6 所示)支持了假设 1。网络语言文案确实会使消费者对广告文案投入更多的注意资源，在注视时间、注视次数和瞳孔直径三个指标上都有明确的反映。

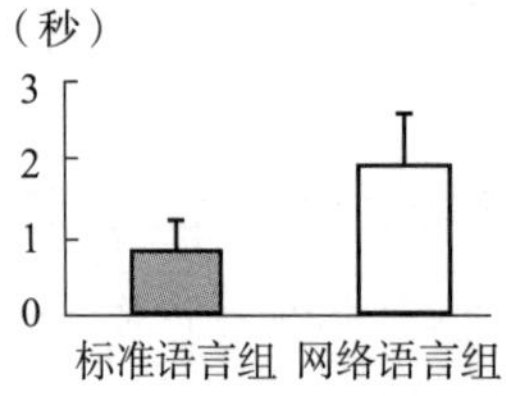


**图 4-4　文案注视时间比较**

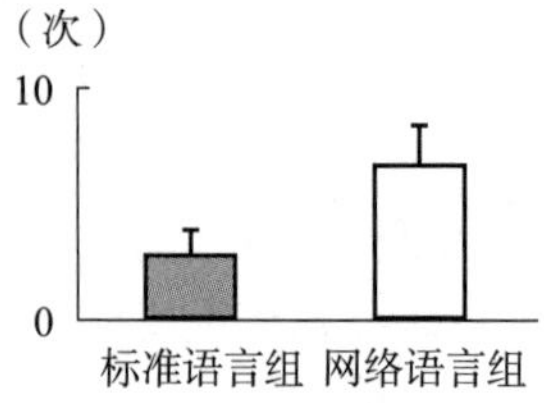


**图 4-5　文案注视次数比较**

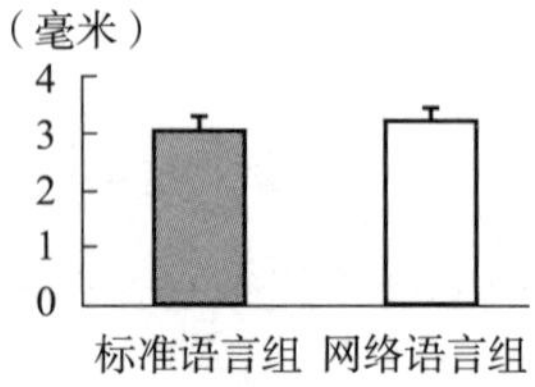


**图 4-6　文案注视瞳孔直径比较**

### 2. 产品图片的眼动指标比较

对实验结果进行方差齐性检验，结果显示，注视时间（$p=0.173>0.05$）、注视次数（$p=0.092>0.05$）和瞳孔直径（$p=0.456>0.05$）在各组的方差齐性达到分析的要求。

进一步分析两组被试对产品图片在注视时间、注视次数和瞳孔直径三个指标上的表现，发现网络语言文案组和标准语言文案组的被试对产品图片的注视时间存在显著差异，被试对标准语言文案的产品图片的注视时间显著高于对网络语言文案的产品图片的注视时间（$M_{标准}=1.35$，$SD=0.49$，$M_{网络}=0.85$，$SD=0.29$，$d=1.30$，$t(36)=3.88$，$p<0.05$）。两组被试对产品图片的注视次数也存在显著差异，被试对标准语言文案的产品图片的注视次数显著高于对网络语言文案的产品图片的注视次数（$M_{标准}=4.25$，$SD=1.58$，$M_{网络}=2.66$，$SD=0.87$，$d=1.30$，$t(36)=3.89$，$p<0.05$）。另外，两组被试的瞳孔直径不存在显著差异（$M_{标准}=3.28$，$SD=0.18$，$M_{网络}=3.2$，$SD=0.24$，$t(36)=1.11$，$p>0.05$）。以上研究结果说明，当广告采用了网络语言文案时，消费者对产品图片的注视时间和注视次数都显著减少，而瞳孔直径无显著变化。这一实验结果(如图 4-7 至图 4-9 所示)基本支持了假设 2。

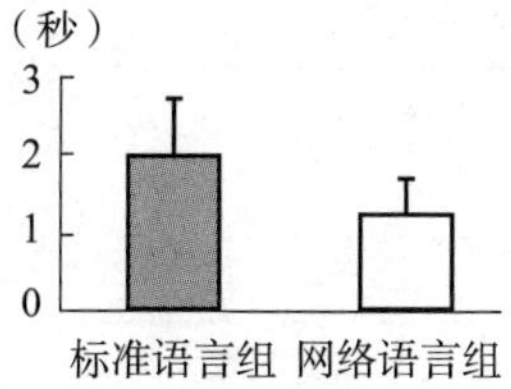


**图 4-7　图片注视时间比较**

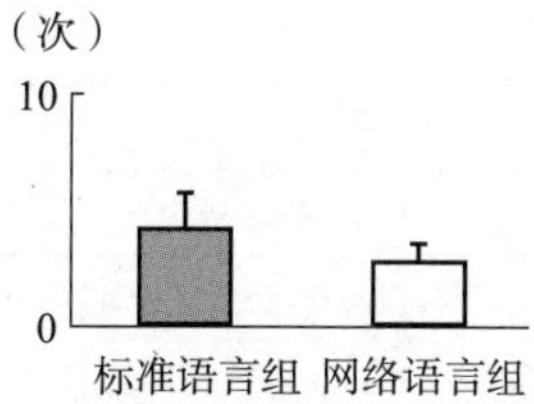


**图 4-8　图片注视次数比较**

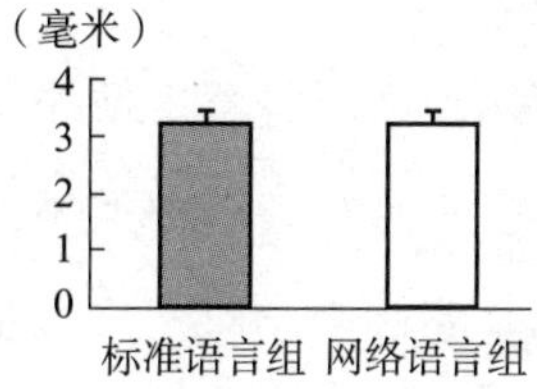


**图 4-9　图片注视瞳孔直径比较**

## 三、广告感知的比较

通过一个实验室环境下的行为实验来考察网络语言与标准语言文案对受众所产生的广告感知的比较，主要包括产品评价和广告信任两个方面。

### （一）预调查

预调查的目的是通过问卷了解受众对网络语言文案的看法以及使用网络语言文案后受众的广告信任和产品评价所发生的变化。国家语言资源监测与研究中心依据大规模动态流通语料库，利用语言信息处理技术提取了 2015 年度十大网络用语，我们从中选取测试语，再通过网络搜索选择现有广告中广泛使用的网络语言写成了预调查的广告文案。

在预调查中，被试被要求仔细阅读表4-2所示四则广告文案，并回答开放性的问题。

**表4-2 预调查研究材料**

| 编号 | 广告文案 |
|---|---|
| 1 | Jevid牛仔裤，主要靠气质 |
| 2 | 世界那么大，带上EDWIN照相机去瞧瞧 |
| 3 | Waltis音响，可以让音乐随光起舞，可以让音乐随光起舞，可以让音乐随光起舞，重要的事情说三遍 |
| 4 | 春天来了，我们去喝冰泉纯天然矿泉水吧！我带着你，你带着钱，长白山也好，千岛湖也罢，都不能代替冰泉矿泉水的丰富矿物质和清新水源 |

问卷设置以下问题：您认为该广告是否使用了网络语言？然后是4个开放性的问题，包括："①您如何看待这种类型的广告，为什么？②您还能说出刚才广告中所描述的是哪些产品吗？您觉得跟采用了网络语言有关吗？③您觉得这些广告描述的产品信息可信吗，为什么？④您如何评价广告中描述的产品？"

调查通过网络调研的方式进行，共收集问卷30份，其中有效问卷28份。对调查结果做了统计，其中关于是否使用了网络语言的问题，除2名被试外，其余都认为采用了网络语言。开放型问题调查结果如表4-3所示。

**表4-3 预调查结果统计**

| 调查指标 | 正面评价 | 负面评价 |
|---|---|---|
| 广告整体印象 | ①这种广告容易被人记住，使人印象深刻<br>②迎合互联网的文化，将时下流行的互联网文化契合到广告中，比较接地气，有趣生动 | ①这种广告语言不够规范<br>②网络语言会在一个阶段很火，大家愿意去追。广告的周期要比网络语言流行的周期长，当热点过了，这类广告会显得很滞后。当热点一过，有跟风之嫌，用得不好者显得生搬硬套，容易使人反感<br>③需要符合语境才有意思，不然会感觉像小丑 |
| 广告注意 | ①比较博眼球<br>②能让人很容易记住<br>③好玩，有吸引力 | 网络语言只是覆盖面广，但达不到转化效果，比如"亲"，就是淘宝卖家，但不能代表是哪家店 |

续表

| 调查指标 | 正面评价 | 负面评价 |
|---|---|---|
| 广告信任 | 无 | ①网络语言多是大家休闲娱乐口语化交流时使用的，这样的使用场景会给大家一种非正式的印象，放在广告语中很难让人信任<br>②太过浮夸<br>③感觉这样的广告不太真实，忽悠的成分比较大 |
| 产品评价 | ①用网络语言，不一本正经，本身就是产品特色<br>②这样的产品宣传不古板，懂得年轻人的心理需求 | ①没有使用产品，不好评价<br>②无法评价，广告就是广而告之，关联产品而已 |

从表4-3中可以看出，一部分被调查者表示网络语言广告更加能够吸引消费者的注意力，使消费者认为广告产品创新有特色。不过这种广告形式也会让受众感觉广告比较非正式，对受众的广告信任造成消极影响。预调查的结果基本支持了假设：网络语言广告能够吸引消费者的注意，并会给消费者带来积极有趣的印象，但也会造成不严谨、不规范的消极印象，并且这些印象会或多或少地影响消费者的广告信任和产品评价。

### （二）广告感知实验

#### 1. 实验设计和流程

研究主要探讨网络语言特性对广告感知效果（广告信任和产品评价）的影响以及消费者的感知广告特性的中介效应。

研究采用平面广告作为研究材料。产品选择了照相机，该产品在日常生活中比较常见，年轻群体对照相机的使用也比较多。为了避免品牌名称对研究结果的影响，研究采用了虚拟品牌，照相机被命名为金晨。

在预调查中让被试选择最喜欢的广告文案时，80%以上的被试选择了“世界那么大”和“我带着你，你带着钱”这两条。根据预调查中反映的问题进行了修改，加入最新的网络语言，再结合产品特点进行广告设计，并在制作完成后进行小规模测试，经过调整后最终确定广告文案。随后，我们根据广告文案在图片库中选择相对应的产品图片，隐去原有的 LOGO 和名称。最后，我们确认两组广告的文字表达、图片大小、格式等均无差异。被试被随机分为两组，第一组为标准语言文案广告，第二组为网络语言文案广告，研究材料由产品图示、品牌名称和相应的广告文案构成。研究材料如图 4-10、图 4-11 所示。

**图 4-10　标准语言文案组实验材料示例**

**图 4-11　网络语言文案组实验材料示例**

被试选取在校大学生。这部分人群是伴随着互联网的发展而成长的群体，对于网络语言的熟悉程度较高，使用较频繁，对网络语言的接受程度较好。另外，在现实生活中，网络语言广告的受众往往也是这一类的年轻群体。所以，选择这一部分群体比较贴合现实的情境。为了控制被试对于相机的熟悉程度可能对研究结果产生的影响，随机选取了 124 位大学生，采用问卷的方式调查他们对于单反相机（图片材料）的熟悉程度。结果显示，其中 95.97%的被试可以准确认出数码单反相机的图片，96.77%的被试可以准确说出 1~3 个单反相机品牌。但只有 12.10%的被试自认为对于单反相机是熟悉或者很熟悉的。以上结果说明，大学生群体对于单反相机具有很高的认知度，但是熟悉度很低。因此，单反相机作为研究材料是合适的。

试验在深圳大学某教学楼每层分别选取了 90 名被试，随机分配到两个组，这样也可以更好地控制其他变量（比如被试对于试验产品的熟悉度）所带来的影响。研究过程中先对被试的参与意愿进行询问，被试表示愿意参与后再将广告给被试观看。待被试看过广告后，再将相应问卷给被试。每位被试只填写一份问卷。

另外，在问卷设计中加入甄别问卷的选项来避免网络语言熟练程度对研究结果的干扰。问项设计为："您认为该广告几处使用了网络语言形式？A. 1 处；B. 2 处；C. 3 处；D. 没有使用。"选取 C 选项则表明被试理解了广告中所采取的语言形式，为研究的有效样本，选取其他选项的样本予以剔除。

### 2. 变量测量

广告感知有趣性的测量主要参考 Lee 等（2005）的研究。广告感知严谨性的量表参考了李研和李东进（2013）的研究，在其量表基础上，加上"这则广告的语法不规范"和"这则广告的措辞不严谨"两个测项。广告信任量表采用 Soh、Reid 和 King（2009）的研究，产品评价量表采用 Han、Duhachek 和 Agrawal（2014）的研究。所有量表如表 4-4 所示。

**表 4-4　变量测量**

| 变量名称 | 量表项目 |
|---|---|
| 广告感知有趣性 | 这则广告是有趣的 |
| | 这则广告是无聊的 |
| | 这则广告是引人注意的 |
| 广告感知严谨性 | 这则广告是不严谨的 |
| | 这则广告的用语是缺乏考虑的 |
| | 这则广告的语法不规范 |
| | 这则广告的措辞不严谨 |
| 广告信任 | 这则广告是诚实而非误导的 |
| | 这则广告内容是有用的 |
| | 我接受该广告观点 |
| | 这则广告是值得信赖的 |
| | 这则广告提供的信息是有价值的 |

续表

| 变量名称 | 量表项目 |
| --- | --- |
| 产品评价 | 我对这款产品评价积极 |
| | 我很喜欢这款产品 |
| | 我认为这款产品好 |

### 3. 共同方法偏差和信效度检验

在研究中，对于广告感知有趣性、广告感知严谨性、广告信任和产品评价的测量都是采用量表从同一批被试中获取的，因此可能存在共同方法偏差。为了减少这种偏差，研究采用了程序控制和统计控制的方法（Podsakoff，Mackenzie，Lee & Podsakoff，2003）。

程序控制的具体措施主要包括保护受测者的匿名性，降低其对评价的担心，对量表中各项目的表述进行完善，尽量使其简单明了，避免模糊性，并对于个别项目进行反向编码。在统计控制中，我们采用哈曼单因素检验方法，这是共同方法偏差检验中的常用方法（Aulakh & Gencturk，2000）。该方法认为，如果对量表的所有项目进行因素分析，结果只提取出一个因子，或者一个因子就能解释大部分的方差，则可能存在共同方法偏差。

对所有数据进行 KMO 检验和 Bartlett 球形检验，得到 KMO 值为 0.748，Bartlett 值为 947.32，$p<0.001$。因此，该数据适合进行因子分析。因子分析结果发现特征值大于 1 的公因子有 3 个，如表 4-5 所示。

**表 4-5　因子分析结果**

| 因子 | 特征值 | 方差贡献率（%） | 累计方差贡献率（%） |
| --- | --- | --- | --- |
| 1 | 3.50 | 48.36 | 48.36 |
| 2 | 2.10 | 29.00 | 77.36 |
| 3 | 1.47 | 20.34 | 97.70 |

分析结果表明，在表 4-5 中 3 个公因子中，第一个因子只解释了方差

的 48.36%，并不存在严重的共同方法偏差问题。

为了更加严谨地测量所用量表的效度，我们采用 Fornell 和 Larcker（1981）提出的方法，通过 AVE 与 $\phi^2$ 的比较来检验区分效度。AVE>$\phi^2$ 表示因子与测量项目间的共同变异大于因子之间的共同变异，即具有区分效度，结果如表 4-6 所示。

**表 4-6　区分效度的检验结果（共同变异方法）**

| | AVE | 1 | 2 | 3 | 4 |
|---|---|---|---|---|---|
| 1. 广告感知有趣性 | 0.631 | — | 0.108 | 0.091 | 0.530 |
| 2. 广告感知严谨性 | 0.580 | 0.108 | — | 0.083 | 0.189 |
| 3. 广告信任 | 0.532 | 0.091 | -0.083 | — | 0.131 |
| 4. 产品评价 | 0.715 | 0.530 | 0.189 | 0.131 | — |

从表 4-6 中可以看出，各因子的 AVE 值均大于各因子之间的相关系数的平方，即 $\phi^2$ 的值。同时，AVE 值均大于 0.5，表示量表具有可靠的区分效度和聚合效度。根据数据结果对量表的信度进行检验，分析结果表明量表具有可靠的信度，详见表 4-7。

**表 4-7　量表信度分析结果**

| 量表各因子名称 | 项目数 | Cronbach's α 值 |
|---|---|---|
| 总量表 | 15 | 0.765 |
| 广告感知有趣性 | 3 | 0.825 |
| 广告感知严谨性 | 4 | 0.762 |
| 广告信任 | 5 | 0.743 |
| 产品评价 | 3 | 0.880 |

### 4. 样本控制

本次回收问卷 180 份，删除不符合甄别条件、答案填写不完整或规律性填写的问卷，最终获得有效问卷 157 份，其中网络语言文案组 79 份，标准语言文案组 78 份。样本在各人口统计特征上的分布情况如表 4-8 所示。

表 4-8　样本基本特征统计分析（$N$=157）

| 基本特征 | 项目 | 网络语言文案组 | | 标准语言文案组 | |
|---|---|---|---|---|---|
| | | 人数 | 百分比（%） | 人数 | 百分比（%） |
| 性别 | 男 | 39 | 49.37 | 37 | 47.44 |
| | 女 | 40 | 50.63 | 41 | 52.56 |
| 年龄 | 18 岁及以下 | 5 | 6.33 | 4 | 5.13 |
| | 19~22 岁 | 42 | 53.16 | 37 | 47.44 |
| | 23~26 岁 | 29 | 36.71 | 37 | 47.44 |
| | 27 岁及以上 | 3 | 3.80 | 0 | 0 |
| 上网时长/天 | 2 小时及以内 | 5 | 6.33 | 5 | 6.41 |
| | 2~4 小时 | 28 | 35.44 | 27 | 34.62 |
| | 4~6 小时 | 29 | 36.71 | 27 | 34.62 |
| | 6 小时及以上 | 17 | 21.52 | 19 | 24.36 |
| 受教育程度 | 大学本科或同等学力 | 49 | 62.03 | 46 | 58.97 |
| | 研究生及以上 | 30 | 37.97 | 32 | 41.03 |
| 职业 | 学生 | 79 | 100.00 | 78 | 100.00 |
| 收入水平 | 2000 元及以下 | 73 | 92.41 | 71 | 91.03 |
| | 2001~4000 元 | 6 | 7.59 | 7 | 8.97 |

对两组样本的基本统计特征进行检验，结果显示，网络语言文案组和标准语言文案组的被试在性别[$t(155)=0.24, p>0.05$]、年龄[$t(155)=0.43, p>0.05$]、上网时长[$t(155)=0.25, p>0.05$]以及收入水平[$t(155)=0.31, p>0.05$]上无显著差异。

（三）实验结果

#### 1. 对广告信任的影响

检验网络语言文案对广告信任的影响。结果显示，相比于标准语言文案，网络语言文案对广告信任具有显著的负向效应。在标准语言文案组中，被试的广告信任显著高于网络语言文案组的被试（$M_{标准}=2.75$，$SD=0.34$，$M_{网络}=2.60$，$SD=0.57$，$d=0.32$，$t(155)=1.99$，$p<0.05$）。因此，网络语言文案会显著降低消费者的广告信任，从而支持了假设 3。

检验假设 4，即消费者感知的广告严谨性在广告语言对广告信任的影响中为中介变量。由于 Baron 和 Kenny（1986）、温忠麟等（2004）推荐的检验中介效应的方法存在检验程序不合理、检验方法有效性低以及检验中介效应不深入等问题（方杰、张敏强，2012；陈瑞、郑毓煌、刘文静，2013），书稿参照 Zhao、Lynch 和 Chen（2010）的中介效应检验程序，并按照 Preacher 和 Hayes（2004）提出的 Bootstrap 方法，使用 SPSS 的 PROCESS 插件进行检验，样本量选择 1000。结果显示，在 95%的置信区间下，消费者的感知广告严谨性的中介效应显著，区间（LLCI = 0. 0299，ULCI = 0. 2073）不包含 0，中介效应大小为 0. 102。此外，在控制了中介变量后，在 95%的置信区间下，自变量网络语言文案对因变量的直接作用不显著，区间（LLCI = −0. 1118，ULCI = 0. 0550）包含 0，即消费者感知广告的严谨性是完全中介变量。模型结果见图 4−12。

## 2. 对产品评价的影响

检验网络语言文案对产品评价的影响。结果显示，网络语言文案对产品评价具有显著的正向作用。网络语言文案组的被试对广告产品的评价显著高于标准语言组的被试（$M_{标准} = 1.88$，$SD = 0.53$，$M_{网络} = 3.09$，$SD = 0.60$，$t(155) = 13.28$，$p<0.05$）。因此，网络语言文案会使消费者产生更积极的产品评价，假设 5 得到研究结果的支持。

检验假设 6，即消费者感知广告有趣性在广告语言对产品评价的影响中的中介效应。根据 Zhao 等（2010）的中介效应检验程序，本研究采用 Bootstrap 方法进行检验，样本量选择 1000。结果显示，在 95%的置信区间下，消费者的感知广告有趣性的中介效应显著，区间（LLCI = 0. 1954，ULCI = 0. 5174）不包含 0，中介效应大小为 0. 357。另外，在控制了中介变量（消费者的感知广告有趣性）后，在 95%的置信区间下，自变量对因变量的直接作用显著，区间（LLCI = 0. 1247，ULCI = 0. 2279）不包含 0，即消费者的感知广告有趣性不是唯一中介变量，可能存在其他中介路径。再次检验发现 a×b×c′>0，所以可能存在一个与消费者感知广告有趣性中介效应方向一致的遗漏中介变量，以待未来的研究继续探索。模型结果见图 4-12。

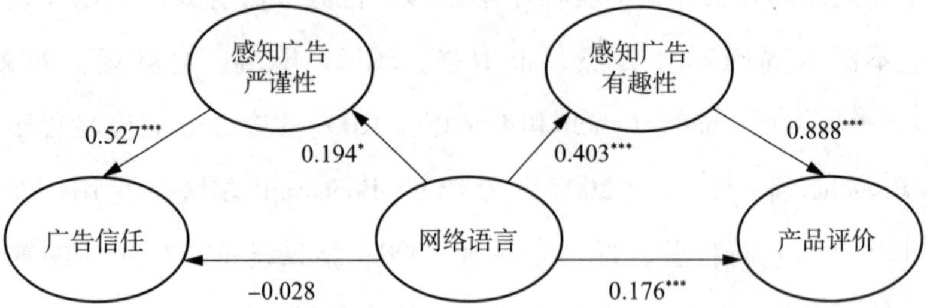


**图 4-12　网络语言对广告信任和产品评价的影响**

注：* 表示 $p<0.05$，*** 表示 $p<0.001$。

## 四、讨论与结论

### （一）讨论

研究在语言学和广告心理学研究的基础上，通过眼动实验和问卷研究等方法，考察了网络语言文案对于广告注意和广告感知（广告信任和产品评价）的影响和作用机制。关于研究结果还有以下几方面值得讨论：

首先，本研究中所涉及的网络语言和标准语言的比较，是指对这两种语言体系所具备的感知特性的总体比较，并不排除存在特殊的语言样本（例如，符合语言规范的网络语言和趣味性较高的标准语言）可能不完全符合本研究的结论。

其次，在广告注意方面，眼动实验结果发现，在 6 秒的注视总时间内：①被试对于网络语言文案的注视时间、注视次数和瞳孔直径均显著多（大）于标准语言文案；②被试对于网络语言文案的产品图片的注视时间和注视次数显著少于标准语言文案的广告图片，但是两组的瞳孔直径没有显著差别。以上结果说明，相比于标准语言文案，网络语言文案能够更多地吸引受众注意，但是在一定条件下（实验条件为总注视时间6秒）会减少受众对于产品图片的注意。

在理论上，网络语言的特性有助于解释上述研究结果。以往有关广告注意的研究发现，广告的创新性和幽默性对于广告注意具有显著的积极作用（Krugman et al.，1994；Pieters et al.，2002；Eisend，2009）。由于网络语言具备较高的创新性和幽默性，所以，当网络语言被用于广告文案时，会对受众的注意产生显著的正向影响。但由于本书并未对这一理论解释进行严格的实证检验，因此并不能够说明以上理论是研究结果的唯一正确解释。事实上，受众对于网络语言特性的感知可能包含更为复杂的机制。例如，赵庆柏、柯娓、童彪、周治金和周宗奎（2017）通过ERP实验指出，网络语言的创新性感知需要满足一定的条件，要求“个体对网络语言要熟悉但又未形成自动化加工”。因此，受众对于网络语言的熟悉性可能也是网络语言创新性的影响因素之一，从而间接影响受众的广告注意。另外，眼动实验的结果还显示，相比于标准语言广告，受众对于网络语言产品图片的注意显著减少了。这一结果是在总注视时间一定的情况下产生的，也符合受众注意力资源有限分配这个理论解释（Kahneman，1973）。但是，本书并未考察在受众自主决定注视时间，或者注视时间一定，但并非6秒的情况下，受众对于网络语言广告文案和产品图片的注意力资源分配情况。因此，这一研究结论应该被审慎对待。

最后，在广告信任和产品评价方面，研究结果发现：①网络语言文案会降低受众的感知广告严谨性，进而降低受众的广告信任，其中受众的感知广告严谨性是这一效应的完全中介变量；②网络语言文案会增强受众的感知广告有趣性，进而提升受众的产品评价，其中受众的感知广告有趣性是这一效应的不完全中介变量。信号理论（Vignovic & Thompson，2010；Hagtvedt，2013）和情感迁移理论（Jung，Min & Kellaris，2011；Lee et al.，2005）有助于分别解释以上研究结果。网络语言文案所具有的不严谨性是影响受众感知的一个信号，在其他条件不变的情况下，这种对于网络语言不严谨的感知会扩散到受众对于整个广告的感知，从而负向影响受众的广告信任。而网络语言文案的趣味性能够引发受众积极的情感，这种情感会正向迁移到广告感知之中，进而提升受众对于产品的评价。值得注意的是，本研究的结果显示，受众的广告有趣性对于产品评价的中介效应是不完全的，可能存在其他的中介变量，而且这些中介变量对于产品评价的影响也是正向的。因此，以后的研究可以进一步发掘和验证网络语言广告对产品评价的中介变量。比如，网络语言的创新性也有可能影响广告的感知创新性，进而提升产品评价。

研究存在以下几方面的局限和不足，有待未来的研究者进一步探索：①使用图文并存的实验材料来考察网络语言文案对于广告注意的影响，其原因为，图文并存是最常用的广告形式，且能帮助研究者分别考察受众对于广告文本和产品图片的注意力分配情况，但这一研究设计也有可能对实验结果产生一定影响。在未来研究中可以考察在仅有广告文案的情况下，网络语言广告对于受众注意的作用，从而使研究结论更为准确。②我们仅采用了照相机这一个产品，未能检验其他产品类别对于研究结果可能产生的影响。另外，产品属性和网络语言文案的使用也可能对广告效果产生某些交互作用，未来的研究也可以对这一问题进行更细致的探讨。

（二）结论

本章基于网络语言的语言感知特征研究网络语言文案对广告效果产生的影响。相比于标准语言文案，网络语言文案能够更多地吸引受众的注意，但是在广告时间有限的情况下，也牺牲了一部分对于产品图片的注意力资源。另外，网络语言会显著降低受众对于广告的信任，这一效应受到消费者的感知广告严谨性的完全中介。另外，网络语言会显著增加受众对广告产品的评价，这一效应受到消费者感知广告有趣性的部分中介。出现以上研究结果的机制是，当网络语言被用于广告文案时，其显著的语言特征（有趣性和不规范性）被受众所感知，这种感知会扩散到消费者对于广告的认知中，影响受众的感知广告有趣性和感知广告不严谨性，进而对广告信任和产品评价产生影响。

在营销实践中，网络语言的使用需要营销从业者慎重考虑。网络语言文案能够增加受众的关注，但也可能削弱受众对于同一广告中其他元素的注意。网络语言文案能够显著提升产品评价，但也会降低广告信任。营销从业者应该根据自身的传播目标运用网络语言这一传播载体，进而达到更好的传播效果。

# 第五章

# 网络语言广告对企业感知创新和感知信任的影响

本章主要探讨网络语言广告对企业形象的影响。具体而言，选取“淘宝体”“咆哮体”作为网络语言的代表，研究网络语言广告对企业感知创新和感知信任的作用。

研究结果显示，网络语言广告同时存在积极和消极的消费者感知。相比于标准语言广告，在受到网络语言广告的刺激后，消费者对于企业感知创新更强，且这种影响受到广告有趣性的部分中介。与此同时，消费者对于企业的感知信任度更低，这种影响受到广告严谨性的部分中介。此外，调节定向类型对上述效应有一定的调节作用。对于网络语言广告，促进定向被试的广告信任、品牌信任和广告态度显著高于预防定向的被试。研究对网络语言广告和品牌传播实践有一定的指导意义。

## 一、研究假设

### （一）网络语言广告对企业感知创新的影响

企业感知创新（Perceived Firm Innovativeness）是消费者对于企业整体创新能力和行为的主观感知和想象（Kunz et al.，2011）。消费者通常会认为企业感知创新较强的企业有能力产生具有创新性的产品或解决方案，这样的企业也会更受消费者的青睐。以往关于企业创新的研究主要关注企业自身，如企业的创新能力、适合创新的组织形式等，从消费者认知的角度来研究消费者对于企业创新的主观看法的相对较少（Kunz et al.，2011）。

多数情况下，消费者很难了解企业为创新投入的资金、人力和设备等情况，也很难从这些信息中评估出企业真实的创新能力。他们往往根据企业展示的间接信息（如新品上市、企业宣传和第三方资质认证等）感知企业的创新能力，并根据这些信息做出对于企业创新的主观判断。因此，在现实中，企业对于创新的认识和所做出的努力可能与消费者感知存在偏差，其对于企业的主观感受并不一定与企业现实或者企业所期望的一致。因此，企业除了进行技术创新之外，还要研究消费者对产品和企业创新的主观感知，并且在传递的信息中尽可能多地体现出来，才能让消费者更好地感知企业创新。

研究指出，企业与消费者沟通的方式越有趣（如商标等），消费者越可能认为该企业具有创新精神（Hagtvedt，2011）。广告语言的幽默也会使消费者对企业产生积极的态度，会认为该企业是不落俗套、懂得创新的。例如，变异成语在广告中的使用让消费者对于该广告的企业创新感知更强（李妍等，2013）。

从语言学特性上来看，网络语言被认为是有趣的、新颖的、引人注意的（Crystal，2000；张玉玲，2009）。网络语言能够在年轻群体的模仿和传播中取得巨大的影响，主要原因在于其求新、求异的表达方式（程思，2013），而不可预料的或者与众不同的事物往往能够被消费者认为是有趣的（Alwitt，2000）。

网络语言的变异有多种形式。语音变异使消费者产生谐音上的联系，使消费者对广告语以及广告中的信息印象更为深刻。语义变异使消费者需要启动自己的认知和回想，对广告信息做出评价，从而吸引消费者更多的注意力资源。这种对于广告语言特定含义的探索过程也让消费者的广告感知过程更加有趣（Alwitt，2000）。

因此，将网络语言运用到广告中时，往往能够达到一种与众不同的效果，并提升消费者的有趣性感知（Hagtvedt，2011）。这种求新求变的广告内容就有可能增强消费者对于企业创新的感知。出于上述原因，我们提出以下研究假设：

假设 1：网络语言的有趣性会正向影响消费者的企业感知创新。

假设 2：消费者的感知广告有趣性在网络语言有趣性对企业感知创新的影响中具有中介作用。

### （二）网络语言广告对企业感知信任的影响

企业感知信任（Perceived Trustworthiness）是消费者感知到企业的可信任程度。感知信任对于企业来说至关重要，如果消费者对企业并不信任，就可能使企业产生巨大损失。影响消费者感知信任的因素很多，如消费者个人的信任倾向、企业的态度行为和表现、商业与制度环境、企业与消费者的交互过程等。特别是当消费者对产品或服务的感知风险较高时，感知信任格外重要。例如，在网络购物环境中，如果企业提供更多关于产品质量、担保、商家信誉的信息，则会减少消费者的感知风险，显著提高消费者对于企业的感知信任（欧阳文静、冯蛟，2013）。

印象管理领域的研究认为，消费者对于企业的认知是企业印象管理的结果（Scheibe，2009；Sundar，2004）。例如，看到标准字体和手写体的希尔顿商标时，消费者对于希尔顿的印象存在差异，手写体的商标使消费者感到更加友好（Henderson，2004）。类似地，网络语言广告一方面可能被消费者感知为新颖的、有趣的，但另一方面也可能被感知为不严谨和不规范的。语言的规范性对于文化的传承和发展至关重要，语言学者指出，网络语言的习得和传播可能在一定程度上污染了标准汉语的"纯洁性"。另外，语言教育领域的研究认为，对于语言初学者来说，很多网络语言的变异形式也会妨碍他们对于语言的学习（陈建华，2004；Jakob，2010）。

网络语言作为一种尚有争议的广告创作素材，运用于广告中时，有可能会表现出企业对语言规范不重视的形象。消费者可能因此认为企业做事不够严谨或缺乏社会责任感，进而产生该企业不可信的认知和态度。因此，我们提出以下假设：

假设 3：网络语言的不严谨性会负向影响消费者的企业感知信任。

假设4：消费者感知广告严谨性在网络语言的不严谨性对感知企业信任的影响中有中介效应。

### （三）调节定向类型的调节作用

调节定向理论认为个体存在两种心理模式，分别是促进定向和预防定向。调节定向理论中的“参照点”是指，在特定的目标追求过程中，两种调节定向的个体对于结果的关注点不同。促进定向的个体更关注积极的参照点——“得到”（他们追求得到积极的结果，试图避免失去这种积极的结果）（Higgins，2001；朱丽叶，2010），而预防定向的个体则更关注消极的参照点——“损失”（他们追求避免消极的结果，防止消极结果的出现）（Higgins，2001；姚琦、乐国安，2009）。同时，促进定向的个体更加强调内部标准，而预防定向则更加强调外部的社会准则（Summerville，2008）。比如，预防定向的个体在追求责任自我的过程中，更加关注自身和他人应该遵守的责任和义务（姚琦、乐国安，2009；李妍、李东进，2013）。

这两种类型的个体对于广告信息的感知也存在差异。促进定向的消费者更关注积极的参照点，更容易接受事物的变化性和新颖性，更倾向于从积极的方面去解读广告信息（Chernev，2004；Posavac & Brakus，2007）。因此，对于网络语言广告的刺激，促进定向的消费者就有可能认为是一种广告有趣性的表现，从而对广告产生更加积极的评价。

而预防定向的消费者则更加关注消极的参照点。研究指出，广告中的语言变异也使得他们的评价更加消极（Higgins，2002；Wan，Hong & Sternthal，2009），因此，对于网络语言这类不规范、不严谨且尚处于争议的广告语言，预防定向的消费者可能表现出更多消极的评价。基于上述分析，我们提出以下假设：

假设5：消费者的调节定向类型对网络语言广告效果有显著影响。促进定向的消费者对于网络语言广告的广告信任、品牌信任、广告态度显著高（好）于预防定向的消费者。

## 二、网络语言广告对感知创新和感知信任的影响

在正式实验之前，进行了一次预调查，主要探索将网络语言运用于广告中时，广告受众对这种语言形式的感知。

### （一）预调查

#### 1. 调查目的

预调查的目的在于通过开放式问题了解消费者对网络语言广告的看法、形成这些看法的原因以及这些看法是否会延伸到对企业的感知上。由于本研究探索的对象是网络语言广告，现有文献中相关研究还比较缺乏，目前仍然处于起步阶段，因此选择开放式问卷进行调查。

选择开放式问卷主要出于以下考虑：第一，开放式问题比较灵活，获取的信息较为全面；第二，被试的回答是自发性的，回答较为真实，能够较深层次地挖掘被试的心理活动、对事物的看法以及形成看法的原因；第三，开放式问题可以帮助我们定性考察变量间的关系。

#### 2. 调查内容

对网络语言广告进行说明和举例。网络语言广告，即运用了一些网络语言作为文案的广告，其目的在于吸引消费者的注意，从而达到较好的宣传效果。如某福利彩票站点促销广告——“我给大家讲个故事，以前有个人进来买张刮刮乐，出去就变高富帅了，不管你信不信，我反正信了”。其中“高富帅”“不管你信不信，我反正信了”均是网络用语。在预调查中，被试需要仔细阅读表 5-1 所示的五则广告文案，并回答开放性问题。

表 5-1　预调查材料的广告文案

| 调查材料 | 广告文案 |
|---|---|
| 1 | 需要一个漂亮的小姑娘做店长有木有!!!! 为什么底薪 1800+提成都没有人关注啊!!!! 一年还发四套制服啊!!!! 还有透透的，透透的丝袜啊!!!! 都快开张了还没找到店长啊!!!! 只要你大专以上学历，外加微笑迷人啊!!!! 希望你是本地户口啊，家乡话听起来很亲切有木有!!! 还要我来贴招聘启事啊!!!!! 这样的老板你们伤不起啊!!!! |
| 2 | 亲，9 月 9 日，国美人民路旗舰店咆哮开业等你来哦。32 寸液晶电视 999 元，有木有!! 1.5P 空调 1499 元，有木有!!! 40 寸液晶电视只要 1999 你伤不起啊有木有!!!! 亲，一切都有啊，你还能 hold 住吗? |
| 3 | 亲，你造吗，我们的鞋不用系鞋带的哦! 帆布鞋面有木有! 多款靓色有木有!! 穿上瞬间高大上有木有!!! 贴合脚掌的设计、方便易脱有木有! 全新 EVA 材质打造、无味环保有木有! 还有 1.5cm 的挺拔鞋垫有木有!!! 亲，两双包邮哦，记得点赞哦! |
| 4 | 亲，你大学本科毕业不? 办公软件使用熟练不? 英语交流顺溜不? 驾照有木有? 快来看，中日韩三国合作秘书处招人啦! 这是个国际组织，马上要在裴勇俊、李英爱、宋慧乔、李俊基、金贤重、RAIN 的故乡韩国建立喔! 此次招聘研究与规划、公关与外宣人员 6 名，有意咨询 65962175，不包邮。 |
| 5 | 亲，偶们的冰润纯净水，来自大兴安岭最原生态、最正宗的水源哦! 水质纯净有木有? 矿物质均衡有木有? 用天然的方式补充身体所需喔! 口感清爽有木有? 甘甜滋润有木有? 让每一滴水给您最纯真的享受喔! 纯冰体验有木有? 莹润感受有木有? 蕴含生命力有木有? 亲，冰润纯净水，让您时刻充满活力喔! 亲，记得点赞哦! |

问卷最后是 4 个开放性问题，包括：“①您如何看待这种类型的广告？②这些广告文案给您留下了哪些关于广告和企业好的印象？③这些广告文案给您留下了哪些关于广告和企业坏的印象？④总体上看，您是否接受或喜欢这种类型的广告语，为什么？”最后是调查对象对五则广告的评价，满分为 10 分，请被试根据自己的喜爱程度为广告文案打分。

预调查在深圳大学图书馆北馆进行，先询问被试是否愿意填写问卷，在征得同意后将问卷发放给被试。为了让被试有充分的时间进行思考，给予被试的填写时间足够充分。此次预调查共 60 份问卷，剔除无效问卷 5 份，有效问卷为 55 份。

### 3. 调查结果

首先，对问题④的回答进行了统计，回答中主要分为接受、勉强接受和不接受三种。具体统计结果如表 5-2 所示。

**表 5-2　问题④结果统计**

| 是否接受 | 人数 | 原因 |
|---|---|---|
| 接受 | 21 | ①网络语言的广告容易吸引消费者的注意；②这种新的语言形式比较符合年轻人的心理需求；③在广告中运用这种比较流行的语言读起来比较有趣，比较接地气；④这种广告不同于其他广告，有一定的新意 |
| 勉强接受 | 15 | ①这种类型的网络语言在广告中要根据广告使用的媒介、产品类型、企业类型而定；②勉强接受，但要分情况，如创意类产品可能适合 |
| 不接受 | 19 | ①网络语言广告有些哗众取宠，令人反感；②这种广告的目的性太强，不能给人信任感；③不喜欢，因为这样的广告感觉不可靠 |

其次，我们对问题②、问题③的回答进行了汇总和分析，结果如表 5-3 所示。

**表 5-3　问题②、问题③结果统计**

| 对于广告积极的印象 | 对于广告消极的印象 |
|---|---|
| ①这种广告容易被人记住；②这种广告比较有趣，形式创新，符合互联网时代的潮流，比较有时代性和亲和力；③幽默诙谐，比较接地气，使人印象深刻 | ①这种广告语言不够规范；②这种广告过于哗众取宠；③这种广告会使人将关注重点放在网络语上，而不是企业的宣传上，不能起到宣传的效果；④感觉这样的广告不太真实，忽悠的成分比较大；⑤感觉这样的广告语过于浮夸；⑥感觉这样的广告不太严谨 |
| **积极印象的延伸** | **消极印象的延伸** |
| ①这样的企业紧跟时代潮流，比较懂得创新和与消费者互动；②这样的企业不古板，懂得年轻人的心理需求；③企业有一定的创新意识 | ①这样的企业不太靠谱，感觉像是在忽悠人；②感觉这样的企业不能使人信任和信服；③感觉使用这种语言形式的企业破坏了自己严肃、可靠的形象；④这样的企业可能过于想当然了 |

预调查的结果基本支持了提出的假设。网络语言的广告既可能带给被试积极的感知（有趣的、有创意的），也可能带来消极的感知（不规范的、不严谨的），并且这种感知会迁移到对于企业的感知上（感知创新和感知信任）。预调查初步表明这种感知差异的存在，并且这种差异会产生不同的企业感知。

### （二）实验一

#### 1. 实验设计

实验主要探讨网络语言广告和标准汉语广告对广告有趣性、广告严谨性，以及企业感知创新和感知信任的影响。研究使用 2（广告语言类型：网络语言 vs. 标准汉语）×2（豆豆鞋 vs. 矿泉水）组间实验设计。

（1）广告语言的选择。研究选择“淘宝体”和“咆哮体”作为网络语言的代表。这样的选择出于以下考虑：①包含以上两种网络语言体的广告文案在现实广告中已经出现。②语体变异的类型较多，并不是每种网络语言体都能被运用到广告中，相对来说，“淘宝体”和“咆哮体”比较适合作为广告语言。因为“淘宝体”的形式亲切可爱，从沟通效果上来看，可以拉近商家和消费者的距离；而“咆哮体”用一系列的“有木有”进行重要信息的摆列，比较有气势，能够吸引消费者的注意，起到较好的传播效果。

（2）广告形式。实验采取平面广告的形式。

（3）广告产品。为了扩大实验的外部效度，选择两种广告产品：豆豆鞋和矿泉水。选取这两种产品主要出于以下考虑：①选取的产品都是生活中常见的，被试比较熟悉的；②在现实中，存在类似的产品进行网络语言广告的宣传，研究根据需要，进行了部分调整；③豆豆鞋是卷入度较高、购买频率较低的产品，矿泉水是卷入度较低、购买频率较高的产品，采取这两种产品可以平衡购买频率和卷入度等因素对实验结果的干扰。

为了避免产品品牌对实验结果的影响，研究对豆豆鞋和矿泉水的品牌进行虚拟化处理。豆豆鞋的品牌被命名为“Seabird”，矿泉水被命名为“冰润”，并就两个品牌名称进行了小规模访谈，结果显示“Seabird”比较适合鞋的品牌，且被试没有听说过该品牌；“冰润”比较适合矿泉水品牌，且被试没有听说过该品牌。

（4）广告文案。首先，让被试对广告文案进行打分（满分为 10 分），从中挑选出两则被试认为在现实生活中有较好代表性的网络语言广告。其次，根据广告文案挑选相对应的产品图片。再次，编写标准语言版本的广告文案，即替换网络语言版本中的网络语体。最后，进行小范围访谈，确认两则广告文案的广告内容、字体大小、产品图片大小格式等均无差异。正式实验的四则广告材料如图 5-1 所示。

**图 5-1　正式实验四则广告材料**

## 2. 变量测量

为了避免网络语言熟练程度对于实验结果的干扰，在问卷中设计了甄别问卷。问项为“您认为该广告采取了哪种网络语体的形式？A. 淘宝体；B. 咆哮体；C. 淘宝体和咆哮体；D. 不清楚”。选取 C 选项则为理解了广告中所采取的语言形式，可以作为研究的正式样本，选取其他选项则予以剔除。

广告有趣性测量主要参考 Lee 和 Edwards（2005）的研究，广告严谨性测量主要参考李妍和李东进（2013）的研究，企业感知创新和企业感知信任测量主要参考 Hagtvedt（2011）的研究。本研究中各变量的问项和来源如表 5-4 所示。

**表 5-4　变量测量**

| 变量名称 | 操作检验指标 | 指标来源 |
| --- | --- | --- |
| 广告有趣性 | 这则广告是有趣的 | Lee & Edwards（2005） |
| | 这则广告是无聊的 | |
| | 这则广告是引人注意的 | |
| 广告严谨性 | 这则广告是不严谨的 | 李妍、李东进（2013） |
| | 这则广告的用语是缺乏考虑的 | |
| 企业感知创新 | 使用这则广告的企业是具有创新意识的 | Hagtvedt（2011） |
| | 使用这则广告的企业是富有创造力的 | |
| 企业感知信任 | 使用这则广告的企业是值得信赖的 | |
| | 使用这则广告的企业是可靠的 | |

### 3. 实验过程

实验对象选取在校大学生。首先，大学生群体是伴随着中国互联网的发展而成长的一代，他们对于网络语言的熟练程度相对较高，也比较容易接受网络语言，适合作为研究对象；其次，在现实生活中，广告主在设计广告时，网络语言广告的受众也主要是年轻群体，其中也包括大学生群体。

在进行正式实验前，我们选取 20 名同学进行预实验，确保被试对于不同语言的广告能够有效区分。正式实验在深圳大学图书馆南馆（矿泉水广告测试在图书馆北馆）进行。实验过程中先询问被试是否愿意填写问卷，如果愿意的话则发放问卷给他/她，每位被试只填写一份问卷。主试随机派发两种类型的广告文案，直到问卷派发完毕。

## (三)数据分析

### 1. 样本特征

豆豆鞋组的实验共调查 140 个被试，获得 128 份问卷（删除未完成的样本），再次根据内容剔除不符合条件的问卷，获得有效问卷 114 份。其中，网络语言版本 56 份，标准语言版本 58 份。矿泉水组共调查 140 个被试，获得有效问卷 114 份，其中网络语言版本 57 份，标准语言版本 57 份。网络语言组和标准语言组样本的人口统计特征分布情况如表 5-5 所示。

**表 5-5 有效样本统计（$N$=228）**

| 基本特征 | 项目 | 网络语言组 | | 标准语言组 | |
|---|---|---|---|---|---|
| | | 人数 | 百分比（%） | 人数 | 百分比（%） |
| 性别 | 男 | 57 | 50.4 | 58 | 50.4 |
| | 女 | 56 | 49.6 | 57 | 49.6 |
| 年龄 | 18 岁及以下 | 6 | 5.3 | 5 | 4.3 |
| | 19~22 岁 | 69 | 61.6 | 85 | 73.9 |
| | 23~26 岁 | 36 | 31.3 | 24 | 20.9 |
| | 27 岁及以上 | 2 | 1.8 | 1 | 0.9 |
| 上网时长/天 | 2 小时及以内 | 20 | 17.7 | 26 | 22.6 |
| | 2~4 小时 | 58 | 51.3 | 53 | 46.1 |
| | 4~6 小时 | 28 | 24.8 | 21 | 18.3 |
| | 6 小时及以上 | 7 | 6.2 | 15 | 13.0 |
| 受教育程度 | 大学本科或同等学力 | 78 | 69.0 | 90 | 78.3 |
| | 研究生及以上 | 35 | 31.0 | 25 | 21.7 |
| 职业 | 学生 | 111 | 98.2 | 112 | 97.4 |
| | 一般管理人员与一般专业技术人员 | 2 | 1.8 | 3 | 2.6 |
| 收入水平 | 2000 元及以下 | 103 | 91.2 | 105 | 91.3 |
| | 2001~4000 元 | 6 | 5.3 | 4 | 3.5 |
| | 4001~6000 元 | 4 | 3.5 | 6 | 5.2 |

对两组样本人口统计特征进行 $\chi^2$ 检验，结果显示，网络语言组和标准

语言组在性别($\chi^2=0.018$, $p=0.895>0.05$)、年龄($\chi^2=4.469$, $p=0.215>0.05$)、上网时长($\chi^2=4.900$, $p=0.179>0.05$)、受教育程度($\chi^2=2.506$, $p=0.113>0.05$)、职业($\chi^2=0.187$, $p=0.665>0.05$)、收入水平($\chi^2=0.802$, $p=0.670>0.05$)上均无显著差异。

### 2. 操控检验

操控检验的目的在于检验两组被试对于网络语言和标准语言是否存在有趣性和严谨性的感知差异。结果显示，网络语言组被试在有趣性上的得分(M=3.61)显著高于严谨性(M=2.32)的得分($F(1, 113)=4.48$, $p<0.05$)。标准语言组被试在严谨性上的得分(M=4.01)显著高于有趣性(M=3.05)的得分($F(1, 115)=2.56$, $p<0.05$)。两个组别广告的被试对于广告有趣性和广告严谨性的感知存在显著差异，表明实验操控成功。

### 3. 信效度分析

一般认为，Cronbach's α 值低于 0.7 需要对问卷进行重新修订和设计，在 0.7~0.8 可以接受，高于 0.8 则说明量表的信度较好(Devellis, 1991)。各测项的 Cronbach's α 值如表 5-6 所示。Cronbach's α 值均大于标准值 0.7，说明量表的内部一致性较好。

**表 5-6　量表 Cronbach's α 值**

| 变量 | 项目数 | Cronbach's α 值 |
| --- | --- | --- |
| 总量表 | 9 | 0.783 |
| 广告有趣性 | 3 | 0.805 |
| 广告严谨性 | 2 | 0.874 |
| 企业感知创新 | 2 | 0.919 |
| 企业感知信任 | 2 | 0.917 |

另外，问卷数据的 KMO 值为 0.75，且通过了显著性水平为 0.05 的 Bartlett 球形检验，说明问卷调查的数据适合做因子分析。然后，使用主成分分析法并进行正交旋转，提取出 4 个特征值大于 1 的因子，累计方差贡

献率为 85.52%。说明提取的 4 个公因子在充分提取和解释原变量方面比较理想。旋转后的因子载荷矩阵如表 5-7 所示。

**表 5-7　旋转后的因子载荷矩阵**

| | 因子 1 | 因子 2 | 因子 3 | 因子 4 |
|---|---|---|---|---|
| 广告有趣性 1 | 0.749 | | | |
| 广告有趣性 2 | 0.871 | | | |
| 广告有趣性 3 | 0.691 | | | |
| 企业感知创新 1 | | 0.877 | | |
| 企业感知创新 2 | | 0.888 | | |
| 企业感知信任 1 | | | 0.933 | |
| 企业感知信任 2 | | | 0.906 | |
| 广告严谨性 1 | | | | 0.898 |
| 广告严谨性 2 | | | | 0.902 |

研究使用 AMOS17.0 软件对数据进行验证性因子分析。分析结果如表 5-8 所示，量表的 $\chi^2$/df 值为 1.95，介于 1~2，RMSEA 值为 0.065，小于 0.08，其他各指标均高于 0.9，说明模型拟合较好（Steiger，1990）。综合以上分析结果，研究使用的问卷具有较好的信效度。

**表 5-8　广告特性与企业感知之间的路径分析的配适度指标**

| 配适指标 | $\chi^2$/df | GFI | AGFI | RMSEA | NFI | NNFI | CFI |
|---|---|---|---|---|---|---|---|
| 建议标准 | 1~2 | >0.9 | >0.9 | <0.08 | >0.9 | >0.9 | >0.9 |
| 结果 | 1.95 | 0.96 | 0.92 | 0.065 | 0.97 | 0.94 | 0.98 |

### （四）结果与讨论

#### 1. 研究结果

首先，检验两种语言在广告中对企业感知创新的影响。结果显示，网络语言对企业的感知创新主效应显著［F（1，228）= 78.696，p<0.05］。即在网络语言版本的广告中，被试对企业的感知创新（M=4.05）显著高于标准语言的广告被试对企业的感知创新（M=2.75）。这一结果支持假设 1。

其次，检验假设 2，即感知广告的有趣性在广告语言的有趣性对感知企业创新的影响中有中介效应。根据温忠麟（2004）中介作用的检验程序，用回归方程表示中介效应如下：

$Y=cX+e_1$

$M=aX+e_2$

$Y=c'X+bM+e_3$

第一步，检验组别对感知创新的影响，即方程：$Y=cX+e_1$ 中的 $c$ 是否显著。结果显示：$c$ 值为-0.508，且 $p<0.05$。

第二步，分别检验 $a$ 和 $b$ 的显著性，若两者均显著，则要进一步检验确定是否是完全中介；如果都不显著，则停止检验；如果 $a$ 或 $b$ 中只有一个较显著，则进行 Soble 检验。检验结果如下：

检验组别对于广告有趣性的影响，即方程 $M=aX+e_2$ 中 $a$ 是否显著。结果显示：$a$ 值为-0.421，且 $p<0.05$。检验加入广告有趣性后，组别对感知创新的影响，即方程 $Y=c'X+bM+e_3$ 中 $b$ 是否显著，数据分析结果：$b$ 为 0.590，且 $p<0.05$。综合两个方程的分析结果发现，两个变量均显著，因此需要进一步确认是否为完全中介效应。经检验，$c$ 值为-0.259，且 $p<0.05$。因此，组别对感知企业创新的中介效应并不完全，中介效应的总效应比值为 $E=ab/c=0.489$。中介效应的因变量方差变异解释率为 $\sqrt{(0.546-0.258)}=0.5367$（53.67%）。这一结果支持了假设 2。广告有趣性的中介作用分析结果如表 5-9 所示。

**表 5-9　广告有趣性的中介作用分析结果**

| 检验步骤 | 自变量 | 因变量 | β | $R^2$ | F 值 |
|---|---|---|---|---|---|
| 第一步 | 广告语言类型 | 感知创新 | -0.508 | 0.258 | 78.696** |
| 第二步 | 广告语言类型 | 有趣性 | -0.421 | 0.177 | 48.658** |
| 第三步 | 广告语言类型、广告有趣性 | 感知创新 | -0.259<br>0.590 | 0.546 | 135.321** |

注：**表示 $p<0.05$（由于在对实验组别进行命名的时候，网络语言组被命名为“组 1”，标准语言组被命名为“组 2”。因此，组别变量在感知创新和有趣性上的回归系数为负。）

用相同的方法检验广告语言的严谨性对于消费者所感知企业信任的影响。结果显示，网络语言广告对企业感知信任的主效应显著[$F(1,228)=95.290, p<0.05$]。在标准语言广告中，被试对企业的感知信任($M=4.23$)显著高于网络语言广告组被试对企业的感知信任($M=3.11$)。结果支持假设3。

下面检验假设4，即消费者感知广告严谨性在广告语言的严谨性对感知企业信任的影响中有中介效应。

第一步，检验组别对感知信任的影响，即方程：$Y=cX+e_1$ 中的 $c$ 是否显著。结果显示：$c$ 值为0.545，且 $p<0.05$。

第二步，检验广告语言类型组别对于广告严谨性的影响，即方程 $M=aX+e_2$ 中 $a$ 是否显著。结果显示：$a$ 值为0.607，且 $p<0.05$。当加入广告严谨性后，组别对感知企业信任的影响，即方程 $Y=c'X+bM+e_3$ 中 $b$ 是否显著。结果显示 $b$ 值为0.331，且 $p<0.05$。综合两个方程的分析数据，$a$ 和 $b$ 都显著。进一步检验结果得到 $c'$ 值为0.344，且 $p<0.05$。因此，自变量对因变量并不是完全中介效应，中介效应的总效应比值为 $E=ab/c=0.369$。中介效应的因变量方差变异解释率为 $\sqrt{(0.366-0.297)}=0.2627(26.27\%)$。假设4得到支持。广告严谨性中介作用的分析结果如表5-10所示。

**表5-10　广告严谨性的中介作用分析结果**

| 检验步骤 | 自变量 | 因变量 | B | $R^2$ | F值 |
|---|---|---|---|---|---|
| 第一步 | 广告语言类型 | 企业感知信任 | 0.545 | 0.297 | 95.290** |
| 第二步 | 广告语言类型 | 广告严谨性 | 0.607 | 0.369 | 132.023** |
| 第三步 | 广告语言类型、广告严谨性 | 企业感知信任 | 0.344<br>0.331 | 0.366 | 64.888** |

注：**表示 $p<0.05$。

## 2. 讨论

通过对比网络语言广告和标准语言广告在豆豆鞋和矿泉水中的实验结果可以看出，网络语言广告同时存在正面和负面的效果，这一结果也验证了预调查的结论。消费者在面对特定的广告语言时会产生联想，从而产生广告语言的形象(刘世雄、刘雁妮、周志民，2013)。网络语言作为广告语言要素，其本身存在争议，可能同时存在积极和消极的消费者感知。这种感知差异也会影响到广告感知。

相比于标准语言广告，网络语言在广告中的运用使消费者对企业创新的感知更强，这一效应受到广告有趣性的部分中介作用。情感迁移理论指出，当广告中的信息使消费者产生积极的情感和感知时，消费者往往会将这种积极的情感和感知延伸到对于广告中的产品或者品牌之上(Gibson，2008；Jung，2011)。紧跟热点和潮流的网络语言趣味性更强，能够显著增加广告的有趣性，这种积极的情感和联想会迁移到对企业的感知创新上，这个结论与Jung(2011)对于消费者情感迁移的研究是一致的。

这一结果可以为网络语言广告实践提供一定的指导。印象管理理论指出，消费者对于企业的印象是企业印象管理的结果(Scheibe，2009；Sundar，2004)。根据研究结果，当需要给消费者留下创新性较强的印象时，采取网络语言广告能够取得比标准语言更好的效果。

另外，网络语言的不严谨也使消费者对于企业的感知信任更低，这种影响会受到广告严谨性的部分中介作用。网络语言广告会给消费者留下该企业不严谨、责任感不强的消极印象。这种消极印象加剧了消费者对于企业的不信任感。这一研究结论与李妍、李东进(2013)一致，语言在广告中的不规范使用，会影响到消费者对于企业的感知信任。研究结果提示广告制作者，使用网络语言进行广告创作时存在一定的边界条件。如果企业想给消费者留下关于企业严谨、责任、规范等方面的印象，广告不应该采用不规范的网络语言。

## 三、调节定向类型对网络语言广告效果的调节

### （一）实验二

实验采取2（广告语言类型：网络语言 vs. 标准语言）×2（调节定向类型：促进定向 vs. 预防定向）因子设计。实验刺激物中广告语言和广告形式的选择与前一个实验保持一致，广告产品、文案等方面有所不同。

**1. 实验刺激物**

（1）语言类型。实验一中采取的“淘宝体”和“咆哮体”的组合在一定程度上达到了沟通效果。故实验二中继续采取“淘宝体”与“咆哮体”的组合制作广告文案，并编写标准语言版本广告文案。在小规模访谈的基础上，确保网络语言组和标准语言组的广告信息内容保持一致，标准语言版本只是网络语言版本中去掉“网络体”的一些特征。

（2）广告形式。实验二的刺激物仍然采用文本广告（平面广告）。为避免广告刺激物中其他因素的干扰，在设计广告刺激物时，只设计广告图片、品牌名称和广告文案。

（3）广告产品。在预调查的访谈中，有部分被试的自我报告显示，网络语言广告的运用应该根据产品类型而定，如比较有创新性的产品中运用网络语言的广告可能比较适合。笔者就这一观点与几位营销学的同学进行了小规模讨论，讨论的结果比较支持这一观点。因此，实验二的产品选择一款智能音乐台灯，这是一款创意产品，同时各项功能比较适合年轻群体。

为了避免产品品牌对实验结果的影响，本书对智能音乐台灯品牌进行虚拟化处理。智能台灯品牌被命名为华尔思。经过小规模访谈，受访者并没有听说过该品牌，且认为该名称适合智能音乐灯。

（4）广告文案。预测试从四则广告文案中选择了一则广告文案，在制

作完成以后进行小规模测试，经过调整并最终确定。实验的广告刺激物如图 5-2 所示。

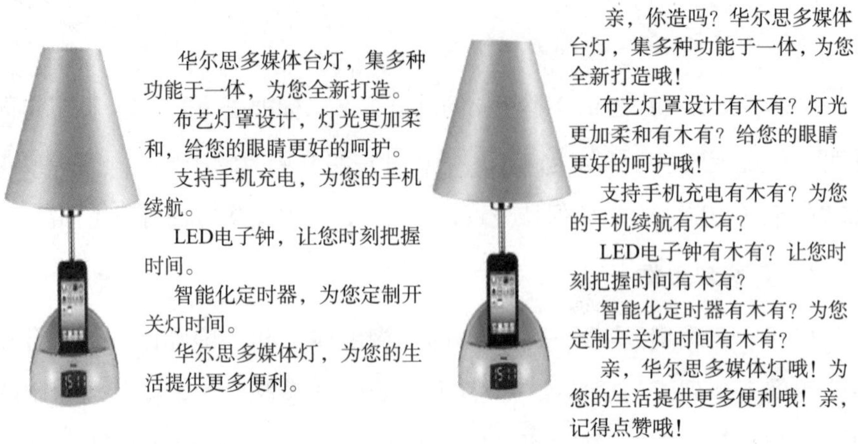


**图 5-2　实验的广告刺激物**

### 2. 变量测量

实验将广告语言类型和消费者调节定向类型作为自变量。其中广告语言类型分为网络语言和标准语言两种，以上两种语言类型呈现在实验材料中，不需要量表的测量。对于消费者调节定向类型的测量，一般可以分为两种，一种为特质性调节定向，可以采取量表测量的方式获得；另一种是对实验被试进行操控，使被试在短时间内产生的情景性调节定向。本研究采取 Higgins（2001）的 Regulatory Focus Questionnaire（RFQ）问卷进行测量，主要出于以下考虑：首先，个体的特质性调节定向一旦形成，就比较稳定，不易改变；其次，RFQ 问卷已经被众多研究者所运用，有较好的信效度，且 RFQ 问卷适合中国被试的测试（姚琦等，2008）。广告信任借鉴涂方祥、杨晨（2014）的研究；品牌信任借鉴谢毅、彭泗清（2014）的研究；广告态度参考 Lee（2005）的研究。网络语言熟练程度的筛选与实验一保持一致。变量所采取的问项及来源如表 5-11 所示。

表 5-11　本研究变量所采取的问项

| 变量名称 | 操作检验指标 | 指标来源 |
| --- | --- | --- |
| 调节定向 | 与大多数人相比，你无法得到生活中想要的东西 | Higgins 等（2001） |
| | 从小到大，你曾经做过一些父母不能容忍的“越界”事情 | |
| | 你总能完成那些让你付出很多努力的事情 | |
| | 在成长过程中，你经常会使父母紧张、操心 | |
| | 父母定下的原则，你通常都会遵守 | |
| | 从小到大，你曾经以你父母反对的方式行事 | |
| | 你总能做好你所尝试的各种事情 | |
| | 做事不够小心常常使你陷入麻烦之中 | |
| | 当一件对你很重要的事情即将完成时，你常常发现自己完成的不如理想中的好 | |
| | 你觉得自己的人生已经在朝着成功的方向前进了 | |
| | 你发现在生活中很少有感兴趣并促使自己付出努力去从事的活动 | |
| 广告信任 | 我觉得这则广告是诚实的而非误导的 | 涂方祥、杨晨（2014） |
| | 这则广告的内容是真实的 | |
| | 我接受该广告观点 | |
| | 该广告信息是值得相信的 | |
| 品牌信任 | 我相信这个品牌 | 谢毅、彭泗清（2014） |
| | 我信赖这个品牌 | |
| | 我认为这是个诚实的品牌 | |
| | 这个品牌是可靠的 | |
| 广告态度 | 您认为该广告是不好的/好的 | Lee（2005） |
| | 您认为该广告是令人讨厌的/令人喜欢的 | |
| | 您认为该广告是劣质的/高品质的 | |
| | 您对该广告的态度是非常不喜欢/非常喜欢 | |

### 3. 实验过程

被试同样选取在校大学生，在进行正式实验之前，选取了 20 名同学进行预实验。预实验的结果表明，实验组所使用的广告刺激物具有足够的区分性能。预实验后对自我报告量表做了相应的修改，使量表更明确、易理解和无歧义。实验地点在深圳大学文科楼，为了保证组间样本的随机分配，利用课间休息时间进行实验。实验过程中先询问被试是否愿意填写问卷，如果愿意的话再将问卷给他/她，每位被试只填写一份问卷，这样可以隐藏实验目的，提升内部效度；交替派发两种语言类型的广告文案（1号被试得到的是网络语言版本的广告刺激物，2号被试得到的是标准语言版本的广告刺激物，如此交替进行），直到问卷派发完毕。

### （二）数据分析

#### 1. 样本特征

在进行正式的数据分析前，对被试的基本情况进行评估。在网络语言版本的广告中，共调查120个实验主体，获得110份问卷，删除不符合条件的甄别问卷，获得有效问卷95份。在标准语言版本的广告中，共调查120个实验主体，获得102份问卷，删除不符合条件的甄别问卷，最终获得有效问卷85份。

利用SPSS21.0对数据进行了频数分析，得到了有效样本在各人口统计特征上的分布情况，如表5-12所示。

**表5-12　有效样本基本特征统计分析（$N=180$）**

| 基本特征 | 项目 | 网络语言组 | | 标准语言组 | |
|---|---|---|---|---|---|
| | | 人数 | 百分比（%） | 人数 | 百分比（%） |
| 性别 | 男 | 33 | 34.7 | 39 | 45.9 |
| | 女 | 62 | 65.3 | 46 | 54.1 |
| 年龄 | 19~22岁 | 74 | 77.9 | 67 | 78.8 |
| | 23~26岁 | 17 | 17.9 | 16 | 18.8 |
| | 27岁及以上 | 4 | 4.2 | 2 | 2.4 |
| 上网时长/天 | 2小时及以内 | 14 | 14.7 | 10 | 11.8 |
| | 2~4小时 | 44 | 46.3 | 38 | 44.7 |
| | 4~6小时 | 22 | 23.2 | 29 | 34.1 |
| | 6小时及以上 | 15 | 15.8 | 8 | 9.4 |
| 受教育程度 | 大学本科或同等学力 | 75 | 78.9 | 70 | 82.4 |
| | 研究生及以上 | 20 | 21.1 | 15 | 17.6 |

续表

| 基本特征 | 项目 | 网络语言组 | | 标准语言组 | |
|---|---|---|---|---|---|
| | | 人数 | 百分比（%） | 人数 | 百分比（%） |
| 职业 | 学生 | 95 | 100 | 85 | 100 |
| 收入水平 | 2000 元及以下<br>2001～4000 元 | 94<br>1 | 98.9<br>1.1 | 85<br>0 | 100<br>0 |

对两组（网络语言组和标准语言组）样本基本人口统计特征进行$\chi^2$检验，结果显示：网络语言组和标准语言组在性别($\chi^2=2.322$, $p=0.128>0.05$)、年龄($\chi^2=0.490$, $p=0.783>0.05$)、上网时长($\chi^2=3.653$, $p=0.301>0.05$)、受教育程度($\chi^2=0.332$, $p=0.564>0.05$)、职业、收入水平($\chi^2=0.900$, $p=0.343>0.05$)上均无显著差异，说明被试的分布达到了研究的要求。

### 2. 信效度分析

调节定向和广告效果量表的 Cronbach's α 值均大于 0.7，表明调节定向和广告效果量表的可靠性和稳定性较高（Devellis，1991）。各变量的 Cronbach's α 值如表 5-13 所示。

**表 5-13　各变量的 Cronbach's α 值**

| 变量 | 项目数 | Cronbach's α 值 |
|---|---|---|
| 总量表 | 22 | 0.77 |
| 调节定向 | 10 | 0.75 |
| 广告信任 | 4 | 0.89 |
| 品牌信任 | 4 | 0.93 |
| 广告态度 | 4 | 0.89 |

然后采用主成分分析法，通过 KMO 值和 Bartlett 球形检验来确定样本数据是否适合做因子分析。检验结果如表 5-14 所示。

表 5-14 因子分析的 KMO 和 Bartlett 球形检验

| 变量 | KMO 检验 | Bartlett 球形检验 | | |
|---|---|---|---|---|
| | KMO 统计值 | 卡方近似值 | 自由度 | 显著性水平 |
| 总量表 | 0.87 | 1619.56 | 78 | 0.000 |

由表 5-14 可知，问卷数据的 KMO 值为 0.87，并且通过了显著性水平为 0.05 的 Bartlett 球形检验。然后，使用主成分分析法并进行正交旋转，提取出 5 个特征值大于 1 的因子，累计方差贡献率达到 72.95%。可见提取的 5 个公因子在充分提取和解释原变量方面比较理想。旋转后的因子载荷矩阵如表 5-15 所示。

表 5-15 旋转后的因子载荷矩阵

| | 因子 1 | 因子 2 | 因子 3 | 因子 4 | 因子 5 |
|---|---|---|---|---|---|
| 广告信任 1 | 0.873 | | | | |
| 广告信任 2 | 0.855 | | | | |
| 广告信任 3 | 0.803 | | | | |
| 广告信任 4 | 0.780 | | | | |
| 品牌信任 1 | | 0.821 | | | |
| 品牌信任 2 | | 0.874 | | | |
| 品牌信任 3 | | 0.791 | | | |
| 品牌信任 4 | | 0.836 | | | |
| 广告态度 1 | | | 0.787 | | |
| 广告态度 2 | | | 0.829 | | |
| 广告态度 3 | | | 0.882 | | |
| 广告态度 4 | | | 0.867 | | |
| 调节定向 1 | | | | 0.865 | |
| 调节定向 3 | | | | 0.917 | |
| 调节定向 7 | | | | 0.917 | |
| 调节定向 10 | | | | 0.855 | |

续表

| | 因子 1 | 因子 2 | 因子 3 | 因子 4 | 因子 5 |
|---|---|---|---|---|---|
| 调节定向 9 | | | | 0. 823 | |
| 调节定向 2 | | | | | 0. 805 |
| 调节定向 4 | | | | | 0. 696 |
| 调节定向 5 | | | | | 0. 758 |
| 调节定向 6 | | | | | 0. 691 |
| 调节定向 8 | | | | | 0. 728 |

此外，研究使用 AMOS17. 0 对数据进行验证性因子分析，分析结果如表 5-16 所示，量表的$\chi^2$/df 值为 1. 40，介于 1~2，RMSEA 值为 0. 047，小于 0. 08，GFI、NNFI、AGFI、NFI 和 CFI 值均大于 0. 9，说明模型拟合较好（Steiger，1990）。综合以上分析结果可知，研究的研究问卷具有较好的信效度。

**表 5-16　调节定向与广告效果路径分析的配适度指标**

| 配适指标 | $\chi^2$/df | GFI | AGFI | RMSEA | NFI | NNFI | CFI |
|---|---|---|---|---|---|---|---|
| 建议标准 | 1~2 | >0. 9 | >0. 9 | <0. 08 | >0. 9 | >0. 9 | >0. 9 |
| 结果 | 1. 40 | 0. 95 | 0. 91 | 0. 047 | 0. 96 | 0. 98 | 0. 98 |

### （三）调节定向类型的筛选

调节定向类型的筛选参照已有的成熟研究（林晖芸，2008；李冰青，2007）。分别计算被试在促进和预防两个分量表的得分，并计算出分量表的差值，把差值结果由大到小进行排列，再将差值转化成 Z 分数，其中 Z>0. 8 的为促进定向的被试类型，Z<-0. 8 的为预防定向类型的被试类型。被试的随机分布如表 5-17 所示。

表 5-17　被试的随机分布

| | 网络语言组 | 标准语言组 |
|---|---|---|
| 促进定向 | 21 | 14 |
| 预防定向 | 22 | 17 |

## （四）结果与讨论

### 1. 研究结果

研究共分四组实验探讨了广告语言类型（标准语言 vs. 网络语言）与调节定向类型（促进定向 vs. 预防定向）对广告效果的影响。以“语言类型”和“调节定向”为固定因素，以“广告信任”“品牌信任”和“广告态度”为因变量做多元方差分析，检验语言类型与调节定向对广告信任、广告态度和品牌信任的影响（如图 5-3 至图 5-5 所示）。语言类型和调节定向类型对广告效果的交互作用是显著的 [$F(1, 74) = 23.320$, $p < 0.05$]。因此，支持假设 5。自变量和调节变量在各因变量上的效应分析如下：

第一，在网络语言版本的广告中，对于两种调节定向类型的被试而言广告效果存在差异。在网络语言版本的广告中，促进定向被试的广告信任（M=4.476）显著高于预防定向被试的广告信任（M=3.852）；促进定向被试的品牌信任（M=3.821）显著高于预防定向被试的品牌信任（M=3.193）；促进定向被试的广告态度（M=4.396）显著高于预防定向被试的广告态度（M=2.955）。

第二，在标准语言版本的广告中，两种调节定向类型的被试广告效果存在差异。在标准语言版本的广告中，促进定向被试的广告信任（M=4.214）显著低于预防定向被试的广告信任（M=5.044）；促进定向被试的品牌信任（M=3.464）显著低于预防定向被试的品牌信任（M=3.985）；促进定向被试的广告态度（M=3.214）显著低于预防定向被试的广告态度

(M=4.676)。

通过2（广告语言类型：网络语言 vs. 标准语言）×2（调节定向类型：促进定向 vs. 预防定向）组间方差分析促进定向和预防定向的被试在网络语言和标准语言中的广告信任、品牌信任、广告态度的得分。结果显示，语言类型和调节定向类型对广告效果的交互作用显著[ $F(1,74)=23.320$, $p<0.05$ ]。对于网络语言广告而言，促进定向被试的广告信任[ $M_{促}=4.476>M_{预}=3.852$, $F(1,43)=5.564$, $p<0.05$ ]、品牌信任[ $M_{促}=3.821>M_{预}=3.193$, $F(1,43)=5.131$, $p<0.05$ ]、广告态度[ $M_{促}=4.396>M_{预}=2.955$, $F(1,43)=76.43$, $p<0.05$ ]均要显著高于预防定向被试；对于标准语言而言，促进定向被试的广告信任[ $M_{促}=4.214<M_{预}=5.044$, $F(1,31)=8.339$, $p<0.05$ ]、品牌信任[ $M_{促}=3.464<M_{预}=3.985$, $F(1,31)=5.072$, $p<0.05$ ]、广告态度[ $M_{促}=3.214<M_{预}=4.676$, $F(1,31)=63.871$, $p<0.05$ ]均显著低于预防定向的被试。实验结果解释了为何有的消费者对于网络语言广告呈现积极的广告评价，而有的消费者对于网络语言广告呈现消极的广告评价。

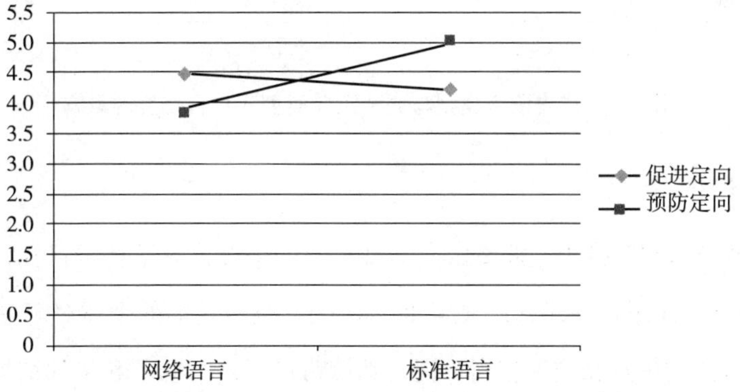


**图 5-3　广告语言类型与调节定向类型对广告信任的影响**

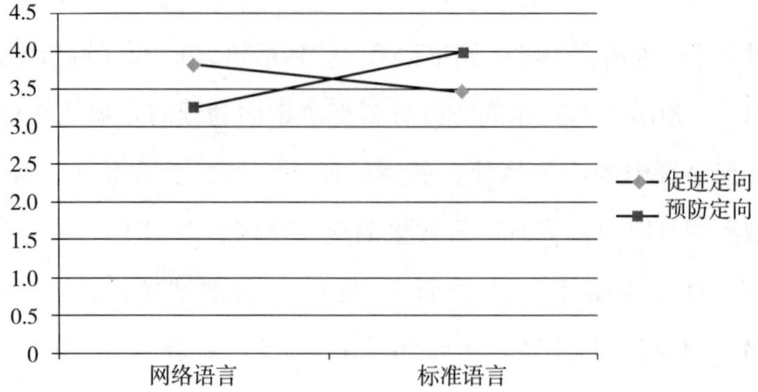


**图 5-4　广告语言类型与调节定向类型对品牌信任的影响**

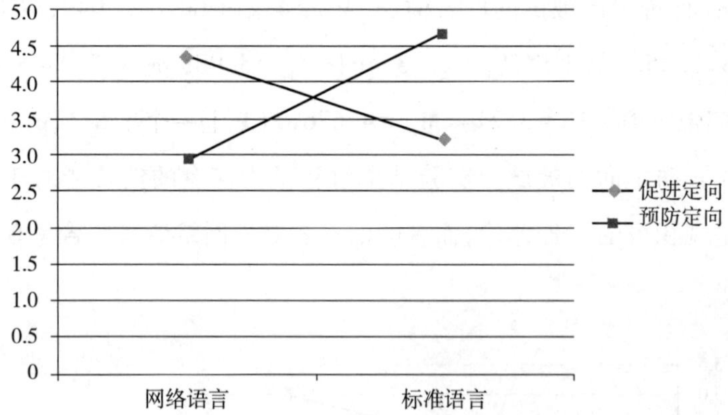


**图 5-5　广告语言类型与调节定向类型对广告态度的影响**

## 2. 讨论

调节定向理论指出，调节定向类型不同的个体，对于特定目标，其关注点存在差异(Higgins，2001；朱丽叶，2010)。促进定向的个体对于“获得”和“没有获得”的焦点和结果相当重视，其策略目标是“达到”积极的结果；而预防定向的个体对于“失去”和“没有失去”的焦点和结果相当重视，其策略目标是“避免”消极的结果(Higgins，2001；姚琦、乐国安，2009)。因此，实验结果解释了为什么不同调节定向的被试对于同样的广告刺激，呈现出的广告评价有所差异，研究结果验证了调节定向类型这种差异的存在。

对于网络语言广告而言，促进定向的个体由于更多关注于广告中“获得”的“好处”(积极结果的出现)，如产生网络语言广告更加有趣、更接地气、更符合年轻人的口味等，因此，对含有网络语言的广告给予更多的积极评价，即广告信任、品牌信任和广告态度相对于预防定向的个体而言显著更高；而对于预防定向的个体而言，网络语言运用到广告之中，使被试更加关注于“失去”(消极结果的出现)，即可能产生的不好的影响，如网络语言广告的不规范、不严谨等相关方面的联想。因此，对含有网络语言广告给予更多消极的评价，即广告信任、品牌信任和广告态度显著更低。两种类型对于同一广告的感知差异与 Chernev(2004)关于两种调节定向被试产品类型(享乐型 vs. 功利型)的评价差异相吻合。

两种调节定向类型消费者的这种差异，对于上一个实验的结论也有一定的解释力。按照朱丽叶(2009)的研究，对于特定的信息刺激，促进定向的个体对于创新和变化等信息更加偏好，敏感程度更高；而预防定向的个体对于安全和一致性等信息更加偏好，敏感程度更高。根据语言的标记模型(The Markedness Model)(Scotton，1993)，网络语言应用于广告传播中，相对于其他因素更加突出，消费者更加容易感受到网络语言带来的积极或消极的感知。而这种感知会由于情感的迁移，使得消费者对于网络语言积极或消极的感知，迁移到广告或企业上，形成对于广告或企业的感知和态度。从这一推断出发，促进定向的消费者对于广告中的网络语言更加积极，因为这一变化或创新更加符合他们对于特定刺激的追求，而这种积极的感知和态度会迁移到广告上，形成较好的广告信任、品牌信任和广告态度；而对于预防定向的消费者，他们对于广告中的网络语言的态度更加消极，因为这种变化和创新不符合他们对于安全和一致性的追求，而这种消极的感知和态度会迁移到广告上，形成较好的广告信任、品牌信任和广告态度。

## 四、总结

### （一）研究结论

网络语言作为一种非标准语言形式运用到广告中，从消费者信息处理的角度看，会同时存在正面积极的消费者感知和负面消极的消费者感知。积极的消费者感知包括新颖、有趣、接地气等，消极的消费者感知包括不规范、不严谨、缺乏考虑等。

消费者对于使用网络语言广告的企业感知创新显著高于使用标准语言广告的企业，而这种影响会受到广告有趣性的部分中介。即网络语言在广告中增加了消费者对于广告的趣味性感知，这种积极的情感会提高消费者对于企业的创新性感知。另外，消费者对于使用网络语言广告的企业感知信任显著低于使用标准语言广告的企业，而这种影响会受到广告严谨性的部分中介。即网络语言在广告中降低了消费者对于广告的严谨性感知，这种消极的情感会降低消费者对于企业的感知信任。

消费者调节定向类型与广告语言类型的交互作用会影响广告效果。具体来看，对于网络语言广告而言，促进定向消费者的广告信任、品牌信任和广告态度均要显著高于预防定向的消费者。

### （二）研究局限

本章研究虽然证实了网络语言广告同时存在正面和负面效果，但并没有探讨何种因素会增强或减弱这种正面和负面效果。研究探讨了调节定向类型与广告语言类型对广告效果的交互作用，但并没有探讨调节定向类型对于感知创新和感知信任的影响。这是研究的理论局限之一，因为在现有的研究之中，关于感知创新和感知信任的影响因素众多（如语言的使用情景、产品的类型、企业的性质等），从调节定向角度进行解读的还比较缺乏，因此，后续的研究也可以从相关的角度进行探讨。

本章研究主要有以下几方面的局限：

**1. 网络语言的代表性**

网络语言根据其变异形式可以分为众多不同的类型。本研究选取了语体变异中的“淘宝体”“咆哮体”作为网络语言的代表，但不具有全面性，研究结果能否推广到其他网络语言广告还有待更多的研究确定。因此，在未来的研究中可以选择更多类型的网络语言，以增加研究结论的外部效度。

**2. 产品的代表性**

实验二中仅仅选取音乐灯一则广告来探讨调节定向和广告语言类型的交互作用。广告中的产品类型的选取可能是影响广告评价的重要变量，因此，未来的研究可以选取更多的产品类型进行研究，以增加研究结论的外部普遍适用性。

**3. 研究被试的代表性**

研究被试均是在校学生，这也会在一定程度上限制本研究的外部效度，因此在未来的研究中可以专门针对某种产品的特定目标群体进行广告测试，以增加外部效度。

**4. 广告类型的代表性**

为了控制声音、画面等因素的影响，研究在设计广告时，仅仅设计了广告文案和产品图片，然而在提倡整合营销传播的广告实践中，更多的广告是综合了各种各样的因素以增强其传播效果。因而在未来的研究中，可以在控制相关变量的前提下，融入更多的广告因素对网络语言的效果进行更加接近现实的研究。

# 第六章

# 广告代言人对网络语言广告效果的影响

代言人是广告中经常出现的一类要素，对广告的传播效果有着重要影响。常见的广告代言人可以分为两类：一类是名人代言；另一类是普通的广告模特代言。这两种代言人对网络语言广告效果会产生怎样的影响？什么样的代言人适合网络语言广告？对这些问题的研究讨论构成了本章的主要内容。

研究采用实验法，从代言人吸引力和代言人可信性的角度对网络语言的广告注意、广告信任和产品评价进行考察。结果显示，名人代言会显著加强受众对网络语言广告文本的注意。此外，相比于普通广告模特，名人代言的吸引力会加强消费者的产品评价，名人代言的可信性也会加强对网络语言广告的信任。

## 一、研究假设

### （一）代言人对网络语言广告注意的影响

在广告代言人的研究中，众多文献（Phillips，1996；Garretson，2004；白学军，2007）发现广告中使用代言人可以吸引消费者的注意。蒋瑛瑾（2008）通过眼动分析法对名人和非名人广告进行比较研究，结果发现名人代言的广告比非名人代言的广告更加能引起消费者的兴趣，并显著提升消费者对广告的注意。白学军（2007）发现，名人代言加文字的信息组合方式比图片更有效地捕捉消费者注意。

在网络语言广告的情境中，名人代言可以加强受众对于网络语言文本的注意。相比于普通广告模特，名人代言不仅有着较强的吸引力和可信度，而且往往具备某种特定的公众形象和社会意义。与此同时，相比于标准语言，网络语言也通常自带某种特定的语义和群体符号。因此，当名人代言和网络语言同时在广告中出现时，受众会试图解读这两者可能存在的意义关联，这意味着受众需要对网络语言文本进行更长时间的注视和加工，才能完成这种意义的连接和认知。由此，提出以下假设：

假设1：名人代言比普通人代言更能引起消费者对网络语言广告文本的注意。

（二）代言人对网络语言广告感知的影响

广告可信度是消费者基于广告信息内容、广告信息传递者的态度动机而对该广告是否值得相信做出的判断（Ha，1996）。其中，信息源是影响广告可信度的一个重要因素。Ohanian（1991）提出信息源的可信度模型，认为信息源的可信度会影响被试对信息的接收。

Hovland等（1953）认为信息源的可信度包括专业性和可靠性两个方面，可信度随着专业性和可靠性的提高而提高。周象贤（2009）认为信息源的可信度会通过内化过程直接影响接收者的信念、评价态度和行为。在有代言人的广告中，代言人本身一般会被认为是信息源之一。作为说服者的代言人和作为说服信息的广告都是影响受众感知的重要因素，代言人的专业性越高，可靠性就越强，广告信任就越强。Douglas（2013）利用媒介可信度理论（Media Credibility Theory），探讨不同广告渠道和广告信息源的广告信任。企业也经常采用名人代言等手段，为广告信息附加启发式线索，来提升广告可信度，增强营销效果（Florack et al.，2009）。

同时，移情效应给消费者的认知和判断造成较大影响，消费者认为代言人的某一个品质好，就可能将这种好的印象扩展到对广告整体的认知上，进而给予广告更多的信任。因此，可信度高的名人代言会将可信的形象转移到广告上，减少因网络语言严谨性偏弱导致的不信任感。所以，提出以下假设：

假设 2：名人代言的可信性会加强受众对网络语言广告的信任。

信息源吸引力模型认为广告效果依赖于代言人的吸引力，主要涉及相似性、喜爱程度和熟悉程度三个指标。不少研究发现，代言人吸引力会使消费者产生积极的态度。Joseph（1982）在研究中发现代言人较好的形象对产品评价等有积极的作用，有吸引力的代言人会产生更积极的评价。Petty 和 Cacioppo（1983）建立了精细可能性加工模型，在模型中提出了中枢路径和边缘路径的说法，其中的边缘路径认为受众会因为广告代言人的吸引力等引发联想，产生与广告表达的情感和情绪的共鸣，进而改变态度。Milis（1969）等认为如果代言人形象良好，信息接收者会更容易被其传递的信息影响。

在网络广告的情境下，代言人的吸引力法则仍然会起显著作用。一般而言，名人的吸引力会大于普通的广告代言人。当名人代言出现在网络语言广告中时，会赋予广告更强的吸引力，同时丰富广告所传达的意义。

基于上述理由，我们提出以下假设：

假设 3：名人代言的吸引力会加强受众对网络语言广告中的产品评价。

## 二、代言人与网络语言广告注意

### （一）实验设计与流程

实验考察名人代言和普通人代言是否会对网络语言广告的注意效果产生影响（即假设 1）。实验在深圳大学认知心理实验室中进行，实验室隔音、隔光，实验过程中被试可能受到的干扰均得到有效控制。

实验采用美国应用科学实验室的 ASL-D6 眼动仪，此款眼动仪体积小，精度比较高，定位更为准确，校准时方便快捷，眼动记录的频率也可以在较大程度上满足实验要求。眼动仪工作时连接两台电脑，一台与眼动仪连接，另一台进行实验刺激的呈现。实验中利用其自带的 GAZE TRACKER

进行编程设计，并与 D6 连接同步进行数据的收集。

平面广告的三大要素为品牌、图片和文本。实验所关注的兴趣区域主要为广告文本及图片，网络语言广告文本为兴趣区 1，代言人图片为兴趣区 2。

Russo（1978）在对人们信息处理的眼动研究中采用了注视时间、注视次数和瞳孔变化指标，Salvucci 和 Anderson（1998）的研究中采用了注视时间、注视次数及瞳孔变化情况三个指标，Pieters（2004）等的研究中涉及注视时间、注视次数等的测量。参考上述研究，实验选取以下三个眼动指标来反映被试的广告注意情况。

（1）注视时间。被试对测量区域内注视点的平均停留时间的总和，单位为毫秒。其中眼跳是指阅读时所发生的眼球的连续运动，注视是指两次眼跳之间眼球相对静止的状态。

（2）注视次数。被试对测量区域内兴趣区注视点的个数。

（3）瞳孔直径。被试注视测量区域时瞳孔直径的变化。心理学研究表明，某些心理过程（如记忆、言语加工、情绪等）会影响瞳孔大小的变化，瞳孔直径大小是测量信息加工时心理负荷的一个重要指标（Daphne，2001）。

同时本研究将人口统计特征和语言的熟练程度作为控制变量，参照并借鉴 Liu 等（2013）的研究，通过 Likert 五点量表使用自我评定法对语言的熟练程度进行测量。

被试选择深圳大学在校学生 86 人，男生 43 人，女生 43 人，年龄范围在 16~26 岁，所有被试视力（矫正视力）1.0 以上，色觉正常。实验分为两组，每组被试 23 人。通过校园 BBS 寻找被试，如果符合实验要求，则通知在某一时间内到达实验室进行实验，并随机将被试安排到不同的组别，以减少个体差异等对实验结果的影响。

广告材料幻灯片模拟成报纸的版面设计（陈宁，2001；周象贤，2007），每张幻灯片大小为 720×540 像素，分辨率 72 像素/英寸，幻灯片分为文字和图片左右两栏，两栏大小均等，背景为白色。

本实验分为2组，分别为明星代言人网络语言广告和普通代言人网络语言广告。每组被试观看不同的广告，一组实验中含6张广告图片，其中目标广告图片4张，非目标广告图片2张。目标广告图片固定在第2~5张位置顺序出现，4组广告出现顺序相同。非目标广告图片放在首尾各一张用来避免首因和近因效应。

Lohse（2001）在网页广告的眼动研究中发现，产品类别不同时受众的注视时间也会有显著差异。Pieters等（2004）在研究广告创新性的影响时也发现产品类型会影响注视时间。本实验参照Pieters等（2004）的研究，每种类型广告选取不同价值的两种产品，价值高的产品个体的卷入度高，价值低的产品个体的卷入度低。其中高卷入度产品选择照相机和音响，低卷入度产品选择矿泉水和牛仔裤。品牌名称选用近年来申请注册的陌生商标名称且不能从名称推测产品类别，避免名称变量带来的影响（周象贤，2007）。每个名称由两个汉字组成，分别为：金晨（相机，范冰冰代言）、迅特（音响，王力宏代言）、倍嘉（矿泉水，孙俪代言）、希雅（牛仔裤，黄晓明代言）。每张幻灯片由三部分内容构成：代言人照片、品牌产品名称、广告文案，三个部分互不重叠，左边为广告文案，右侧为人物图案，图案下方为品牌产品名称，三个部分内容的位置和尺寸基本相同。

幻灯片均左侧呈现文案，每条广告控制在4~6行。所有文字均采用40点宋体，颜色黑色，背景为白色空白屏。每张图片呈现时间为6000毫秒，所有材料都提前导入眼动仪中，并在仪器上进行试操作。

实验开始前，首先向被试简要介绍实验的整体流程，然后向被试说明研究为眼动实验，实验过程中被试需要观看屏幕上的6张不同广告，每张图片呈现时间6秒，正常速度进行观看。同时告知被试，实验对人体不会造成伤害，以消除被试疑虑。若被试对实验程序等存在疑问，主试再进行相关的解答和帮助。

正式实验前，协助被试在眼动仪前坐好，调整坐姿，距离显示器70厘米左右。然后指导被试将下巴放在眼动仪固定托盘上，并保持头部位置不动，进行校准。校准过程中，被试眼前电脑依次出现9个点，被试眼睛跟随点的变化进行注视直至跳至另外一个点。主试则根据屏幕显示进行校准，直至眼动仪提示不会丢失眼动数据，则正式实验开始。

正式实验开始后，屏幕出现指导语，再次确认被试已经熟悉实验程序及规范，并可以开始实验。被试说实验开始后，屏幕将依次出现6张广告图片，每张将呈现6秒钟。实验结束后，主试将被试的基本信息录入电脑进行数据保存。然后另一名主试则发放问卷给被试，并告知问卷为对刚才眼动实验所观看的广告进行的认知评定调查。

### （二）数据整理

在实验过程中眼动仪自动采集2个兴趣区的眼动数据，本研究关注的指标为注视时间、注视次数和瞳孔直径。本实验共测试46人，每组23人。在实验过程中，被试眼睛疲劳等因素会导致眼动仪无法记录到完整的数据，处理时将这些数据剔除。在问卷操控中也出现被试对阅读广告时不能正确判别是否使用网络语言，这些数据也会进行剔除。最后明星代言的网络语言广告组获得有效样本19份，普通人代言的网络语言广告组获得有效样本18份。将GAZE中数据进行处理后，重新录入整理，采用SPSS22.0对数据进行统计分析。实验样本在各人口统计特征上的分布情况如表6-1所示。

对样本基本统计特征进行方差分析。结果显示：明星代言人组和普通代言人组在性别［$F(1, 36)=0.672$，$p=0.418>0.05$］、年龄［$F(1, 36)=0.000$，$p=0.989>0.05$］、上网时长［$F(1, 36)=0.244$，$p=0.624>0.05$］、受教育程度［$F(1, 36)=0.000$，$p=$

1.000>0.05]、职业 [F (1, 36) = 0.946, p=0.337>0.05]、收入水平 [F (1, 36) = 0.406, p=0.528>0.05] 上无显著差异，说明实验对象的分布达到了要求。

**表 6-1　样本人口统计特征**

| 基本特征 | 项目 | 明星代言人组 | | 普通代言人组 | |
|---|---|---|---|---|---|
| | | 人数 | 百分比（%） | 人数 | 百分比（%） |
| 性别 | 男 | 14 | 73.7 | 10 | 55.6 |
| | 女 | 5 | 26.3 | 8 | 44.4 |
| 年龄 | 18 岁及以下 | 4 | 21.1 | 1 | 5.6 |
| | 19~22 岁 | 11 | 57.9 | 15 | 83.3 |
| | 23~26 岁 | 3 | 15.8 | 2 | 11.1 |
| | 27 岁及以上 | 1 | 5.2 | 0 | 0 |
| 上网时长/天 | 2 小时及以内 | 1 | 5.2 | 0 | 0 |
| | 2~4 小时 | 11 | 57.9 | 2 | 11.1 |
| | 4~6 小时 | 6 | 31.7 | 14 | 77.8 |
| | 6 小时及以上 | 1 | 5.2 | 2 | 11.1 |
| 受教育程度 | 大学本科或同等学力 | 16 | 84.2 | 14 | 77.8 |
| | 研究生及以上 | 3 | 15.8 | 4 | 22.2 |
| 职业 | 学生 | 19 | 100 | 18 | 100 |
| 收入水平 | 2000 元及以下 | 18 | 94.8 | 16 | 88.9 |
| | 2001~4000 元 | 1 | 5.2 | 2 | 11.1 |

探讨代言人在网络语言广告中对广告注意效果的影响中，操控检验的目的是区分两组被试对明星和普通人评价的不同，先询问被试是否认识该代言人并写出其名字来判定该代言人是明星还是普通人，从结果来看，被试对采用的明星全部认识并能写出名字，而普通人组没有人认识组中代言人。

对代言人吸引力的测量结果显示：明星代言人组的代言人吸引力的得分 (M=3.524) 显著高于普通代言人 (M=3.036) 的得分 [F (1, 36) = 8.291, p=0.007<0.05]，所以，从操控的结果来看，这两个组别的代言人被

试对于代言人吸引力感知存在显著差异，表明实验材料操控成功。

（三）实验结果

### 1. 对广告文本的眼动指标比较

明星代言人广告组与普通代言人组被试对广告文本的眼动指标的描述性统计结果如表 6-2 所示。

**表 6-2 对广告文本注视的描述性统计**

| | | 均值 | 标准偏差 | 有效样本数 |
|---|---|---|---|---|
| 注视时间（秒） | 普通代言人组 | 1.480 | 0.798 | 18 |
| | 明星代言人组 | 2.703 | 0.935 | 19 |
| 注视次数（次） | 普通代言人组 | 5.125 | 2.550 | 18 |
| | 明星代言人组 | 8.605 | 2.742 | 19 |
| 瞳孔直径（毫米） | 普通代言人组 | 1.652 | 0.216 | 18 |
| | 明星代言人组 | 1.714 | 0.249 | 19 |

明星代言人广告组与普通代言人广告组被试对广告文本的注视时间、注视次数、瞳孔直径的均值比较如图 6-1 所示。

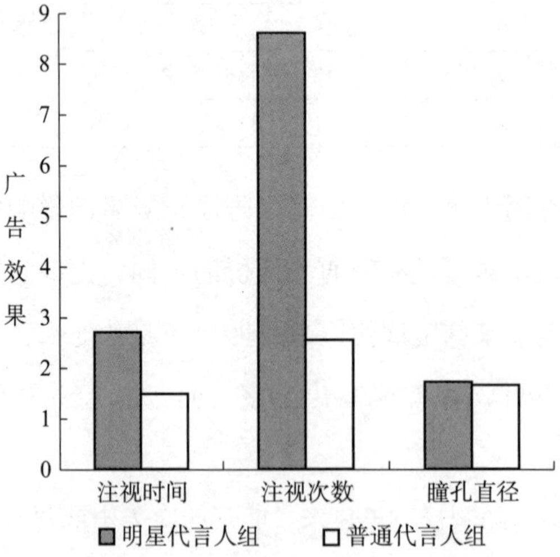


**图 6-1 对广告文本的注视时间（秒）、注视次数（次）、瞳孔直径（毫米）的均值比较**

经方差齐性检验的结果，注视时间的 p = 0.546 > 0.05，注视次数的 p = 0.953 > 0.05，瞳孔直径的 p = 0.333 > 0.05，所以可以进行方差分析。

单因素方差分析结果显示，在网络语言广告中，明星代言人广告组被试和普通代言人广告组被试在注视时间上存在显著差异 [F (1, 36) = 8.291, p = 0.001 < 0.05]，并且被试对明星代言人的广告文本的注视时间（M = 2.703）显著高于对普通代言人广告文本的注视时间（M = 1.480）；明星代言人广告组被试和普通代言人广告组被试对广告文本的注视次数存在显著差异 [F (1, 36) = 15.940, p = 0.019 < 0.05]，并且被试对明星代言人组的广告文本的注视次数（M = 8.605）显著高于对普通代言人广告文本的注视次数（M = 5.125）；但明星代言人广告组被试和普通代言人广告组被试的瞳孔直径无显著差异 [F (1, 37) = 0.656, p = 0.424 > 0.05]。综上，消费者对明星代言人广告文本的注视时间和注视次数都多于普通代言人的广告文本，但在瞳孔直径的指标上没有显著区别。

### 2. 对广告图片的眼动指标比较

明星代言人广告组与普通代言人广告组被试对广告图片的眼动指标的描述性统计结果如表 6-3 所示。

**表 6-3　对广告图片的描述性统计**

| | | 均值 | 标准偏差 | 有效样本数 |
|---|---|---|---|---|
| 注视时间（秒） | 普通代言人组 | 0.961 | 0.119 | 18 |
| | 明星代言人组 | 0.609 | 0.082 | 19 |
| 注视次数（次） | 普通代言人组 | 2.306 | 0.207 | 18 |
| | 明星代言人组 | 1.579 | 0.200 | 19 |
| 瞳孔直径（毫米） | 普通代言人组 | 1.574 | 0.061 | 18 |
| | 明星代言人组 | 1.366 | 0.084 | 19 |

明星代言人组与普通代言人组被试对广告图片注视时间、注视次数、瞳孔直径的均值比较如图 6-2 所示。

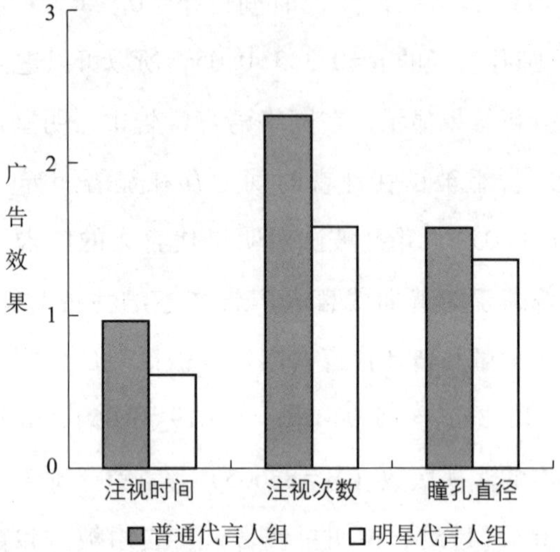


**图 6-2　对广告图片注视时间（秒）、注视次数（次）、瞳孔直径（毫米）的均值比较**

经方差齐性检验的结果，注视时间的 p=0.070>0.05，注视次数的 p=0.938>0.05，瞳孔直径的 p=0.245>0.05，可以进行方差分析。

单因素方差分析结果显示，明星代言人广告组被试和普通代言人广告组被试在注视时间上存在显著差异［F（1，36）=6.020，p=0.019<0.05］，但是被试对明星代言人的广告的注视时间（M=0.609）显著低于对普通代言人广告的注视时间（M=0.961）；明星代言人广告组被试和普通代言人广告组被试在注视次数上存在显著差异［F（1，36）=6.337，p=0.017<0.05］，并且被试对明星代言人组的广告的注视次数（M=1.579）显著低于对普通代言人广告的注视次数（M=2.306）；明星代言人广告组被试和普通代言人广告组被试的瞳孔直径仍无显著差异［F（1，37）=3.985，p=0.054>0.05］。

消费者在有明星代言人的广告中对广告图片的注视时间和次数都少于普通代言人的广告图片。这可能与被试已经对明星代言人比较熟悉，无须进行更多的认知加工有关。从广告文本的数据来看，也可能是被试将更多的时间投入到了文本的注视上，而减少了对广告图片的注视。

### （四）讨论

在网络语言广告中加入代言人元素时，不同代言人也为广告注意带来影响。研究针对网络语言广告的实验结果发现，明星代言广告时受众对广告文本的注视时间和注视次数都显著多于普通人代言的广告。同时，普通代言人组别的被试相对于明星代言人组别对图片进行了更多的认知加工，但在文本注视上显著少于明星代言组。这说明网络语言广告文本本身吸引了更多的消费者注意，明星代言的广告中消费者对文本的注意会更多。

明星代言的情况下，文章形式介绍的网络语言广告会更有效，这符合McCracken提出的意义迁移模型，受众对明星代言人所象征的意义和情感可能迁移到其代言的广告信息上来。但是人的认知资源是有限的（Kahneman，1973），当对一个刺激投入更多的资源时就会减少其他方面的注意资源，本实验中设置的广告播放时间是6000毫秒，这也在一定程度上限定了被试的注意资源。同时，Rayner和Rotello等（2001）的研究也得出了广告受众更倾向于对文本形式的信息花费更多时间的结论，与本研究结论基本一致。

## 三、代言人与网络语言广告感知

### （一）实验设计与程序

实验主要探讨代言人属性对网络语言广告感知的调节效应。本实验遵从现实中网络语言的广告的形式，也采用文本平面广告。在针对网络语言广告的访谈中，有部分被试表示，网络语言广告的运用应该根据产品类型而定，如比较有创新性的产品中运用网络语言的广告可能比较适合。因此，实验的产品选择了照相机，日常生活中比较常见，也具备一些创新的特点，同时年轻群体使用比较多。

为了避免产品品牌名称对广告结果的影响，本研究对照相机采用了虚拟品牌，照相机被命名为金晨。采用虚构品牌是为了排除更多不可控的因素，如品牌知识和产品使用经验等（Brown & Dacin，1997）。

在预实验中，首先，让被试选择最喜欢的广告文案，80%以上选择了“世界那么大”和“我带着你，你带着钱”这两条，并根据预实验中需要修正问题进行修改，比如加入了最新的网络语言，并对产品基本属性进行了相关描述，再结合产品特点进行了广告设计，并在制作完成后进行小规模测试，经过调整并最终确定。其次，根据广告文案在图片库中选择相对应的产品图片，隐去原先的 LOGO 和名称，避免品牌的影响。再次，编写标准版的广告文案。最后，确认两则广告的文字表达意义、图片大小、格式等均无差异。

被试被随机分为两组，第一组为名人代言人，本实验选取李彦宏，实验材料由代言人照片、品牌名称和网络语言广告构成；第二组为普通代言人，随机选择一个普通人作为对照，实验材料由代言人照片、品牌名称和网络语言广告构成。见图 6-3。

**图 6-3　正式实验广告材料**

实验研究对象选取在校学生等对互联网及网络语言比较熟悉的年轻人群。这一部分人群是伴随着互联网的发展而成长的群体，对于网络语言的熟练程度较高，使用较频繁，对网络语言的接受程度等较好，适合作为研究对象；另外，在现实生活中，网络语言广告的受众往往也是这一类的年轻群体。所以，从实用价值来看，选择这一部分群体比较有研究价值。

在进行正式实验前，选取了20名同学进行预实验，确保被试对不同的语言的广告能够区分。预实验后，对量表进行了相应的修改，避免出现被试理解偏差。在实验过程中，为了保证组间样本的随机分配，在深圳大学北馆每层分别选取了90名被试进行实验，并交替派发两种类型的问卷（1号被试得到的是有名人代言人的网络语言广告，2号被试得到的是有普通代言人的网络语言广告）。实验过程中先对被试的参与意愿进行询问，被试表示愿意参与后再将广告给被试观看，待被试看过广告后，再将相应问卷给被试，为保证问卷的效度，每位被试只填写一份问卷。

### （二）变量测量

实验中的广告语言类型选择标准语言和网络语言，以上两种语言类型呈现在上面实验材料中，不需要量表进行测量。在问卷设计中加入甄别问卷的选项来避免网络语言熟练程度对实验结果的干扰。问项设计为："您认为该广告几处使用了网络语言形式？A. 1处；B. 2处；C. 3处；D. 没有使用。"选取C选项则表明实验对象理解了广告中所采取的语言形式，为本研究的有效样本，选取其他选项的样本予以剔除。

代言人吸引力和可信性的测量采用Ohanian R.（1991）的研究，广告信任采用Soh等（2009）的研究，产品评价采用Han、Duhachek和Agrawal（2014）的研究（见表6-4）。并采用Likert五点量表来进行测量，"1"代表非常不同意，"2"代表不同意，"3"代表一般，"4"代表同意，"5"代表非常同意。

表 6-4 变量测量

| 变量名称 | 操作检验指标 | 指标来源 |
|---|---|---|
| 代言人吸引力 | 代言人有吸引力 | Ohanian R.（1991） |
| | 代言人是经典的 | |
| | 代言人是好看的 | |
| | 代言人是优雅的 | |
| | 代言人是性感的 | |
| 代言人可信性 | 代言人是专家 | Ohanian R.（1991） |
| | 代言人是有使用经验的 | |
| | 代言人是有产品知识的 | |
| | 代言人是胜任的 | |
| | 代言人是熟练的 | |
| | 代言人是可靠的 | |
| | 代言人是诚实的 | |
| | 代言人是可依赖的 | |
| | 代言人是亲切的 | |
| | 代言人是值得信赖的 | |
| 广告信任 | 这则广告是诚实而非误导的 | Soh 等（2009） |
| | 这则广告内容是有用的 | |
| | 我接受该广告观点 | |
| | 这则广告是值得信赖的 | |
| | 这则广告提供的信息是有价值的 | |
| 产品评价 | 我对这款产品评价积极 | Han、Duhachek 和 Agrawal（2014） |
| | 我很喜欢这款产品 | |
| | 我认为这款产品好 | |

在问卷收集中不可避免地会受到诸如性别、年龄、收入水平等个人特征属性的影响，不同性别的人对不同性别代言人的喜爱程度不一样，年龄不同对广告的接受度也会存在差异，收入会对产品卷入度造成影响，所以研究中将这些干扰因素作为干扰变量进行操控。

### （三）数据整理

实验回收问卷180份，每个实验组收集问卷90份，删除不符合甄别条件、答案填写不完整、规律性填写（如基本选择同一个值、选择呈蛇形排列）被试，获得有效问卷159份，其中名人代言人组80份，普通代言人组79份。样本在各人口统计特征上的分布情况如表6-5所示。

**表6-5　有效样本基本特征统计分析（*N*=159）**

| 基本特征 | 项目 | 名人代言人组 | | 普通代言人组 | |
|---|---|---|---|---|---|
| | | 人数（人） | 百分比（%） | 人数（人） | 百分比（%） |
| 性别 | 男 | 32 | 40.0 | 29 | 36.7 |
| | 女 | 48 | 60.0 | 50 | 63.3 |
| 年龄 | 18岁及以下 | 7 | 8.7 | 5 | 6.3 |
| | 19~22岁 | 30 | 37.5 | 33 | 41.8 |
| | 23~26岁 | 29 | 36.3 | 32 | 40.5 |
| | 27岁及以上 | 14 | 17.5 | 9 | 11.4 |
| 上网时长/天 | 2小时及以内 | 5 | 6.3 | 5 | 6.3 |
| | 2~4小时 | 23 | 28.7 | 29 | 36.7 |
| | 4~6小时 | 34 | 42.5 | 25 | 31.6 |
| | 6小时及以上 | 18 | 22.5 | 20 | 25.4 |
| 受教育程度 | 大学本科或同等学力 | 43 | 53.7 | 45 | 56.9 |
| | 研究生及以上 | 37 | 46.3 | 34 | 33.1 |
| 职业 | 学生 | 80 | 100 | 79 | 100 |
| 收入 | 2000元及以下 | 72 | 90 | 65 | 82.3 |
| | 2001~4000元 | 8 | 10 | 34 | 17.7 |

对样本基本统计特征进行方差分析。结果显示：名人代言人组和普通代言人组在性别[$F(1,158)=0.523, p=0.471>0.05$]、年龄[$F(1,158)=0.177, p=0.675>0.05$]、上网时长[$F(1,158)=0.143, p=0.706>0.05$]、受教育程度[$F(1,158)=1.824, p=0.179>0.05$]、收入水平[$F(1,158)=1.988, p=0.161>0.05$]上无显著差异，说明4组试验对象的分布达到了要求。

另外，我们检验两组被试对于名人代言人和普通代言人在吸引力和可信性上的感知差异。结果显示：在名人代言人组的代言人吸引力的得分（M=3.315）显著高于普通代言人组（M=2.058）的得分[F(1,158)=176.789，p=0.000<0.05]，名人代言人组的代言人可信性（M=3.327）也显著高于普通代言人组（M=2.578）的得分[F(1,158)=115.347，p=0.000<0.05]。所以，从操控的结果来看，这两个组别的代言人被试对于代言人可信性和代言人吸引力感知存在显著差异，表明实验材料操控成功。

从量表的信度分析结果可以看出，量表中各构念的 Cronbach's Alpha 值均大于标准值 0.7，表明量表的内部可靠性和稳定性都较高。各变量的 Cronbach's Alpha 值如表 6-6 所示。

**表 6-6　量表各变量的 Cronbach's Alpha 值**

| 变量 | 项目数 | Cronbach's α 值 |
|---|---|---|
| 总量表 | 23 | 0.936 |
| 代言人吸引力 | 5 | 0.915 |
| 代言人可信性 | 10 | 0.928 |
| 广告信任 | 5 | 0.846 |
| 产品评价 | 3 | 0.725 |

探索性因子分析法是利用因子分析将具有复杂关系的变量集合到少数几个新变量上，这样就能更清晰地表达量表的本质结构。研究运用 SPSS22.0 统计软件，通过所收集数据，对广告效果测量量表进行探索性因子分析。

通过 KMO 值和 Bartlett 球形检验来确定样本数据的因子分析效果如何。检验结果如表 6-7 所示。

**表 6-7　量表 KMO 和 Bartlett 球形检验**

| 总量表 | KMO 检验 | Bartlett 球形检验 | | |
|---|---|---|---|---|
| | KMO 统计值 | 卡方近似值 | 自由度 | p 值 |
| | 0.935 | 2199.291 | 253 | 0.001 |

从表 6-7 中可以看出，量表数据的 KMO 值为 0.935，并且通过了显著性水平为 0.05 的 Bartlett 球形检验，说明问卷调查的数据适合做因子分析。

然后，使用主成分分析法分析，提取出4个特征值大于1的因子，累计方差贡献率为65.087%，说明这4个因子可以说明原来15个变量的65.087的变差。提取的4个公因子在充分提取和解释原变量方面比较理想。同时，代言人可信性、代言人吸引力、广告信任和产品评价的所有题项分别在不同的成分中，表明量表具有良好的结构效度。

此外，本研究使用AMOS17.0软件对测量量表的结构效度进行验证性因子分析。结果显示，量表的$\chi^2/df$值为1.035，介于1~3，表明量表的适配度较好。RMSEA值为0.015，小于0.08，说明模型拟合较好。其他各指标也均在合理范围内，表明所选用量表的建构效度良好。

（四）实验结果

研究检验代言人属性（可信性与吸引力）对网络语言广告中的产品评价和广告信任的作用。

首先，检验代言人可信性对网络语言广告信任的影响。在操控检验中发现，名人代言人组的代言人可信性显著高于普通代言人组。以两组的代言人可信性作为自变量，网络语言广告信任作为因变量，进行方差分析。结果（如图6-4所示）显示，名人代言人组被试的广告信任（M=3.085）显著高于普通代言人组的被试［（M=2.514），F（1，158）=64.330，p=0.000<0.05］。这一结果表明，名人代言的可信性对于广告信任产生了显著的正向影响，从而支持假设2。

其次，检验代言人吸引力对网络语言广告的产品评价的影响。操控检验显示，名人代言人组的代言人吸引力显著高于普通代言人组。以两组的代言人吸引力为自变量，产品评价为因变量，进行方差分析。结果（见图6-4）显示，名人代言人组被试的产品评价（M=3.063）显著高于普通代言人组的产品评价［（M=2.426），F（1，158）=95.533，p=0.000<0.05］。结果表明，名人代言的吸引力对于产品评价产生了显著的正向影响，从而支持假设3。

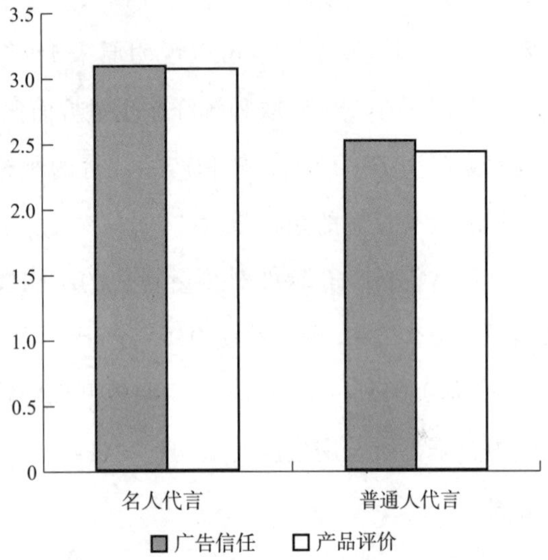


**图 6-4　名人代言和普通人代言的广告效果**

（五）讨论

代言人与网络语言结合会产生怎样的感知效果？本实验对这一问题做了相应的研究。结果发现，代言人可信性对网络语言广告信任有正向影响，代言人吸引力对产品评价有正向影响。由于名人代言的可信性和吸引力通常都高于普通人代言，因此，在网络语言广告中使用名人代言是合适的，其在广告信任和产品评价两方面都有显著的效果。

在广告可信度的研究中，广告信息的内容和广告传递者共同决定了广告的可信度，所以网络语言广告和代言人共同决定着广告信任。根据移情效应，消费者对代言人可信性的感知会影响到消费者对广告的信任，现实生活中，营销者也经常邀请名人代言来为其背书，提高广告的可信度。本研究也支持了 Douglas（2013）在媒介可信度理论的研究中得出的信源可信性会影响广告信任，使用可信性较高的代言人会提升消费者对网络语言广告的信任的结论。

研究中所涉及的产品评价测量主要为产品态度上的评价，Baker 和

Churchill（1977）认为广告源的吸引力越高，越容易使消费者产生积极的广告态度。代言人有吸引力说明代言人有较好的形象、有魅力、令人喜爱，而代言人较好的外表会对产品评价、传播效果产生更为积极的影响（Joseph，1982）。这一逻辑也在本实验中得到了支持。

## 四、结论与研究局限

### （一）结论

本章在语言学和广告心理学研究的基础上，通过眼动实验和情境实验等方法，考察了网络语言文案对于广告注意和广告感知（广告信任和产品评价）的影响和作用机制。关于研究结果还有以下两方面值得讨论。

在广告注意方面，我们使用图文设计作为眼动实验材料，结果发现，在6秒的注视总时间内：①被试对于名人代言人组网络语言文案的注视时间、注视次数显著多于普通代言人组；②被试对于名人代言人组图片的注视时间、注视次数显著少于普通代言人组。以上结果说明，相比于普通代言人，名人代言人的网络语言文案能够更多地吸引受众注意，但是在一定条件下（实验条件为总注视时间6秒）会减少受众对于广告图片的注意。

在广告信任和产品评价方面，情境实验的结果发现：①名人代言人的可信性会显著加强受众对网络语言广告的信任；②名人代言人的吸引力会显著增加受众的产品评价。信号理论（Vignovic & Thompson，2010；Hagtvedt，2013）和情感迁移理论（Jung，Min & Kellaris，2011；Lee et al.，2005）有助于分别解释以上研究结果。在广告信任方面，名人代言人作为一种可信性很高的信号，能够显著弥补网络语言不严谨所带来的广告信任的降低。同时，名人代言人的吸引力通过情感迁移也会作用于受众对广告中产品的评价。

（二）研究局限

本章研究存在以下两方面的局限和不足，以供未来的研究者借鉴：①研究使用了图文并存的实验材料来考察不同代言人的网络语言广告对于广告注意的影响。图文并存是最常用的广告形式，且能帮助研究者分别考察受众对于广告文本和图片的注意力分配情况，但这一研究设计也有可能对实验结果产生一定影响。在未来研究中可以考察在视频广告中这一效应是否依然显著存在，从而使研究结论更为准确。②在广告感知的实验中，我们仅采用了照相机这一个产品，未能检验其他产品类别对于研究结果可能产生的影响。未来的研究也可以对这一问题进行更细致的探讨。

# 第七章

# 产品品类对网络语言广告效果的影响

网络语言影响广告效果的过程还可能受到许多因素的影响。比如，研究表明消费者的行为会受到产品类别的影响（Ailawadi et al.，2003；Kamakura & Du，2012），不同产品使用同样的广告可能会给受众带来不同的感知。因此，针对不同品类产品的广告，网络语言广告也可能产生不同的广告效果。本章主要讨论对不同产品类别，包括不同感知风险产品、必需品或奢侈品等，网络语言广告的效果有何不同。具体而言，本研究考察了对于不同程度感知风险水平（高/低）与产品价值（奢侈品/必需品）的品类，网络语言广告对广告效果的差异化影响，包括广告注意、广告态度、产品评价及品牌认知等。

本章内容主要分为两个部分：

第一部分从产品感知风险水平的角度探究网络语言对广告效果的影响。感知风险是指消费者无法预知其购买行为是否正确而产生的对购买行为的不确定性。根据感知风险水平的不同，产品可分为高感知风险产品与低感知风险产品（Mitchell，1999）。不同水平的感知风险会影响消费者对于产品或服务购买的不确定性，从而使消费者产生不同的广告与产品评价（Kushwaha & Shankar，2013）。研究结果表明，对于感知风险较低的产品，网络语言广告显著提高了广告效果，在广告注意、广告态度和产品评价方面都有明显的表现。但当产品具有较高的感知风险时，这种效应并不显著。

第二部分从产品价值（奢侈品/必需品）角度探究网络语言嵌入的差异化广告效果。从产品价值的角度，产品可分为必需品与奢侈品，必需品指满足人们日常生活需要的产品，奢侈品则往往具有较高的价值和声望，具有排他性，在使用情况上一般没有必需品普遍。对于必需品与奢侈品，网络语言广告也可能引发消费者不同的广告感知与产品感知。研究结果表明，由于网络语言自身具备的创造性和流行性，网络语言可能暂时增加观众对广告语言的关注，但它不能对更高地位的产品（如奢侈品）产生同样的效果。此外，过度使用网络语言可能会使观众感到轻浮，这会损害消费者对品牌或产品的信任。在品牌认知和产品评价方面，广告文案中仅使用标准语言优于广泛使用网络语言。

## 一、研究假设

### （一）产品感知风险对网络语言广告效果的影响

产品感知风险是指顾客对购买一件商品（或服务）的不确定性和不利后果的感知（Bart et al.，2005）。感知风险具有极强的主观性，因为它是消费者在消费的过程中心里感受到的和主观认识到的客观风险。Dowling 和 Staelin（1994）则认为感知风险除了来自不确定性，同时也来源于对不利结果的感知。这种感知即对追逐期望结果时的可能损失的感知。因为人们的多数选择是目标导向的，当认识到所从事的行为可能无法达到目的时，就可能会感到该行为会带来一定程度的损失并存在一定程度的风险（Cox，1967）。Bettman（1973）把感知风险区分为产品类别风险（固有风险）和特定产品风险（处理风险）。固有风险是针对产品类别，而处理风险则是针对某个品牌（Bettman，1973）。处理风险与固有风险不一定呈正相关关系，信息的获取和关于品牌的知识等都是影响因素。例如，消费者认为洗发水类产品具有很高的风险，然而他们在购买他们喜欢的品牌或有丰富的品牌知识时会非常有信心。

Lowengart 和 Tractinsky（2001）最早提出高风险产品和低风险产品划分的概念，这一划分是基于 Nelson（1974）提出的经验产品和搜寻产品划分而来。他们的研究认为，消费者购买经验产品时缺乏信息，使不确定性增加并因此增加购买此产品的风险；而在购买搜寻产品的时候，消费者对产品的质量和属性已经有所认识，不确定性比较小，随之带来的风险也较小。他们认为电脑代表了高风险产品，而书则代表低风险产品。因为从产品性能的不确定性出发，消费者所承担的固有风险存在差异。电脑的复杂性带来质量的不确定性，只有电脑所有的组成部分都完美运行才能保证整个产品的高质量；而在购买前对书的物理性质如可读性、重量、封面类型等都能有确定的了解，不确定性大大降低了。此外，产品的重要性会增加对产品的感知风险（Bettman，1979）。从产品价格方面出发，电脑的价格高于书的价格，这意味着如果产品存在任何问题，电脑造成的经济损失将大大高于书。

产品感知风险通常根据五个不确定性维度进行评估：功能性（表现不如预想）、财务（金钱损失）、安全性（导致人身伤害）、心理（损害自我形象）以及社会性（贬损他人对使用者的看法）（Jacoby & B. Kaplan，1972）。例如，办公用品和书籍属于低风险类别，而珠宝和电脑属于高风险类别（Kushwaha & Shankar，2013）。

消费者因购买产品而感知的风险与其卷入程度直接相关。当消费者认为购买某种商品对自己的生活影响重大时，卷入程度比较高，其对风险的考虑就会比较全面；而当消费者对购买决策不太重视时，卷入程度比较低，不会太多地考虑购买风险，其决策更容易受主观感觉的影响。

精细加工可能性模型提出了两种不同的信息处理路径：中心路径和边缘路径（Schumann et al.，1983）。中心路径涉及高水平的信息精化，在这个过程中，接收信息的个体产生了大量关于论点的认知。而在边缘路径下，个体接收到的线索通常与刺激的逻辑质量无关。因此，对于高感知风险产品的广告，人们往往会采取信息处理的中心路线，而对于低感知风险产品的广告，通常采取边缘路径。举例而言，对于高感知风险的产品，如房产，人们通常会比较全面地搜集相关信息，通过理性思考后做出购买决策。但是对于低感知风险的产品，如纸巾，则会根据包装、外观、代言人等边缘线索做出购买决策。

网络语言在广告中的使用，可以被看作一种边缘线索，而非价格、质量等中心线索。因此，根据精细加工可能性模型，网络语言广告可能对于低感知风险的产品有显著效果，而对于高感知风险的产品则不存在显著的影响。因此，提出以下假设：

假设 1：对于低感知风险的产品，网络语言广告的效果——（a）广告注意；（b）广告态度；（c）产品评价——比仅使用标准语言的广告效果更好。对于高感知风险的产品，这些影响并不显著。

### （二）产品价值对网络语言广告效果的影响

产品类型的不同可能导致消费者对不同类型广告的偏好存在差异。例如，产品具有享乐性特征时，或者产品的广告带有享乐色彩时，广告语言采用自信的形式能取得更好的广告效果（Kronrod et al.，2012）。类似地，产品价值的不同也可能导致消费者对广告偏好的不同。

通常，消费者的产品购买和服务消费都建立在某种情感或工具性的效用之上。Zeithaml（1988）从消费者角度把产品价值分为价格合理、性能合理、价格和质量间的平衡以及付出后得利四个方面，进一步认为感知价值是顾客感知到的价值获得情况而得出的评价（Zeithaml，1988）。因此，根据产品价值的差异，可以把产品分为奢侈品和必需品。

必需品通常产品价值较低，日常需求量大，消费者的购买决策过程相对简单，决策时间也相对短暂。同时，必需品往往具有同质化的特点，产品功能类似并且品牌效应相对较弱。网络语言作为一种能够激发受众积极情绪的表达方式，可以作为边缘线索对广告效果产生影响。因此，我们提出以下假设：

假设 2：相较于标准语言广告，必需品广告中采用网络语言广告会显著增强产品评价、品牌认知和广告态度。

奢侈品通常与社会地位和声望（Han et al.，2010），以及卓越的产品质量相关联（Zhan & He，2012）。因此，奢侈品广告需要让消费者产生身份共鸣，才能赢得他们的偏爱。一方面，相比于方言、网络语言等语言变体，标准语言更加严谨、正统和权威，更容易让人联想到高价值和高信任水平（Lin & Wang，2016）。另一方面，网络语言虽然更加生动、有趣，但也在语法和用词上具有不规范、不严谨的特点，这些特点容易让受众对品牌产生年轻、浮躁等印象。这些印象与奢侈品的品牌形象是背道而驰的。因此，我们提出以下假设：

假设3：相较于标准语言广告，奢侈品广告中采用大量网络语言将降低品牌认知、产品评价和广告态度。

## 二、产品感知风险对网络语言广告效果的影响

### （一）预实验

预实验的目的有两个：①测试被试是否能够根据感知风险的程度对研究中使用的产品进行正确分类；②检验年轻消费者是否能够识别嵌入广告文案中的网络语言。

#### 1. 风险感知程度产品分类

预实验中的产品按风险感知水平（低风险 vs. 高风险）分为两组（每组5种产品）。样本产品选择参考 Lowengart 和 Tractinsky（2001）以及 Kushwaha 和 Shankar（2013）的研究。感知风险的测量参考 Chaudhuri（1998）以及 Jacoby 和 Kaplan（1972）使用的五点量表。

预实验招募了38名年轻的参与者，包括大学生和职场新人。55.3%的受访者年龄介于23~26岁，39.5%的受访者年龄介于19~23岁。其中20名参与者是男性，18名是女性。参与者被要求完成测量产品感知风险的量表。

实验结果支持了根据感知风险水平对产品进行分类的假设。如表 7-1 所示，高感知风险类产品的均值均大于 3.00，而低感知风险类产品的均值均小于 3.00，两组的均值差异显著。

**表 7-1　产品感知风险**

| 产品类别 | 产品 | 均值 | Cronbach's Alpha 值 |
|---|---|---|---|
| 高感知风险产品 | 房子 | 4.18 | 0.782 |
| | 胃药 | 3.84 | 0.771 |
| | 近视矫正手术 | 4.93 | 0.818 |
| | 珠宝 | 3.95 | 0.800 |
| | 电脑 | 4.23 | 0.800 |
| 低感知风险产品 | 矿泉水 | 2.9 | 0.898 |
| | 牙膏（后替换为地图） | 3.48（2.44） | 0.761 |
| | 签字笔 | 2.45 | 0.942 |
| | 杯子（后换为餐巾纸） | 3.18（2.69） | 0.928 |
| | 袜子 | 2.78 | 0.916 |

由表 7-1 可知，所选择的 5 种高感知风险产品均值均大于 3，其中房子（M=4.18）、近视矫正手术（M=4.93）、电脑（M=4.23）这三种类别产品带来的感知风险尤其高；而低感知风险产品中，牙膏（M=3.48）、杯子（M=3.18）感知风险相对比较高。考虑到可能是因为牙膏和杯子与身体有亲密接触等因素，所以本研究选择地图和餐巾纸这两项标准化的产品作为替代，并重新进行预测试。第二次预调查中，采用和第一次一样的方式向类似对象收集数据，共调查 28 个有效样本，其中 16 名男性、12 名女性。年龄介于 24～26 岁占比最高，为 67.86%，年龄介于 19～23 岁占 21.43%。最终结果表明地图（M=2.44）、餐巾纸（M=2.69）为低感知产品。从表 7-1 中可以看出感知产品类别风险量表信度较高，Cronbach's Alpha 值均大于 0.7。

### 2. 网络语言识别

我们还调查了年轻消费者是否能够正确识别嵌入广告文案中的网络语

言。根据百度搜索指数，预实验使用的网络语言从2015~2016年的20条流行语中选取。所有样本文案的长度和内容都是相似的，并被分为三组：SL、EIL和ESL。SL组中没有嵌入网络语言，EIL组中只使用了一个网络短语，在ESL组的文案中嵌入了三个网络短语，字数占所有文字多数。我们从大学生中招募了30名参与者（男性16名，女性14名）进行测试。参与者被要求识别嵌入广告文案中的网络语言。结果显示，28名(93.33%）参与者能够识别出每一个网络短语，说明本研究中使用的网络语言为中国的年轻人所熟知。

### （二）实验1：产品感知风险与广告注意

实验1采用眼动跟踪的方法，研究网络语言在广告中的使用是否会影响受众的注意及其与产品感知风险类别潜在的交互效应。对眼球运动的分析已被证明是研究任务中注意过程的一个有价值的证据来源（Pieters & Wedel, 2004，2007)。对一个物体的眼球运动基本表明该物体受到了关注，注视时间是对该物体关注程度的一个很好的指标（Hervet et al.，2011)。

#### 1. 被试

通过深圳大学BBS招募到96名参与者，年龄介于16~28周岁，其中男性占41.7%。所有参与者均为本科生或研究生，85%的参与者每天至少上网2小时，他们都没有戴眼镜或隐形眼镜。实验完成后，参与者获得一定酬金作为实验报酬。

#### 2. 实验设计

实验采用3（语码转换类型：SL/EIL/ESL）×2（感知风险：高/低）的混合组间实验设计。参与者被随机安排通过眼动追踪系统观看五个不同产品的广告，每个版本的广告都有一个品牌名称（虚拟）、一个产品名称和广告文案，如表7-2所示，高感知风险产品组包括电脑、近视矫正手术、房子、珠宝、胃药，而低感知风险产品组包括签字笔、矿泉水、地图、餐巾纸和袜子。图 7-1 展示了一个产品广告的示例。

**表 7-2　实验材料广告文案展示**

| 类别 | 产品 | 语言嵌入形式 | 广告语 |
|---|---|---|---|
| 高感知风险 | 胃药 | 无嵌入 | 清灵胶囊，在自然中提取的好药，优质的好药，源于自然的精华，是您的放心好药 |
| | | 嵌入网络语言 | 清灵胶囊，在自然中提取的好药，优质的好药，源于自然的精华，**老司机都说好** |
| | | 嵌入标准语言 | 清灵胶囊，胃药中的美男子，傲娇的小公举，自然的精华奏是任性，**是您的放心好药** |
| 低感知风险 | 矿泉水 | 无嵌入 | 清灵矿泉水，在自然中孕育的好水，优质的好水，源于自然的味道，是您的放心好水 |
| | | 嵌入网络语言 | 清灵矿泉水，在自然中孕育的好水，优质的好水，源于自然的味道，**老司机都说好** |
| | | 嵌入标准语言 | 清灵矿泉水，矿泉水中的美男子，傲娇的小公举，自然的味道奏是任性，**是您的放心好水** |
| 高感知风险 | 房子 | 无嵌入 | 过去 15 年的时间里，原佳精装房坚持做好产品。**和最心爱的人一起**，去见证这一份出色的品质 |
| | | 嵌入网络语言 | 过去 15 年的时间里，原佳精装房坚持做好产品。**带上你的土豪大大**，去见证这一份出色的品质 |
| | | 嵌入标准语言 | 当下颜值火爆吸睛，而原佳精装房主要看气质，活久见。**和最心爱的人一起**，任性一把去看看 |
| 低感知风险 | 地图 | 无嵌入 | 过去 15 年的时间里，原佳地图坚持做好产品。和最心爱的人一起，去见证这一份出色的品质 |
| | | 嵌入网络语言 | 过去 15 年的时间里，原佳地图坚持做好产品。**带上你的土豪大大**，去见证这一份出色的品质 |
| | | 嵌入标准语言 | 当下颜值火爆吸睛，而原佳地图主要看气质，活久见。**和最心爱的人一起**，任性一把去看看 |
| 高感知风险 | 珠宝 | 无嵌入 | 美清珠宝，注重产品外观，更注重品质，展现品牌特性，是您的最佳选择 |
| | | 嵌入网络语言 | 美清珠宝，注重产品外观，更注重品质，**傲娇如我**，是您的最佳选择 |
| | | 嵌入标准语言 | 美清珠宝，明明可以靠脸，偏要靠才华，**展现品牌特性**，厉害了 word 美清 |

续表

| 类别 | 产品 | 语言嵌入形式 | 广告语 |
| --- | --- | --- | --- |
| 低感知风险 | 餐巾纸 | 无嵌入 | 美清餐巾纸，注重产品外观，更注重品质，展现品牌特性，是您的最佳选择 |
| | | 嵌入网络语言 | 美清餐巾纸，注重产品外观，更注重品质，**傲娇如我，**是您的最佳选择 |
| | | 嵌入标准语言 | 美清餐巾纸，明明可以靠脸，偏要靠才华，**展现品牌特性**，厉害了 word 美清 |
| 高感知风险 | 电脑 | 无嵌入 | 货比三家再选购，这里有最上乘的品质，也有最舒心的体验，Apin 笔记本，一个让你放心的品牌 |
| | | 嵌入网络语言 | **厉害了 word 哥，**这里有最上乘的品质，也有最舒心的体验，Apin 笔记本，一个让你放心的品牌 |
| | | 嵌入标准语言 | **货比三家再选购，**Wuli 这品质也是没 sei 了，这体验更是猴赛雷，Apin 笔记本，傲娇得不像实力派 |
| 低感知风险 | 袜子 | 无嵌入 | 货比三家再选购，这里有最上乘的品质，也有最舒心的体验，Apin 羊毛袜，一个让你放心的品牌 |
| | | 嵌入网络语言 | **厉害了 word 哥，**这里有最上乘的品质，也有最舒心的体验，Apin 羊毛袜，一个让你放心的品牌 |
| | | 嵌入标准语言 | **货比三家再选购，**Wuli 这品质也是没 sei 了，这体验更是猴赛雷，Apin 羊毛袜，傲娇得不像实力派 |
| 高感知风险 | 近视矫正手术 | 无嵌入 | 悦心眼科激光，秉承最真诚的态度，推出年底最低价，用心为您服务，速来体验 |
| | | 嵌入网络语言 | 悦心眼科激光，秉承最真诚的态度，推出年底最低价，**吓坏宝宝了，**请速来体验 |
| | | 嵌入标准语言 | 厉害了我的悦心，不玩套路来真的，一言不合就降价，**用心为您服务，**快来为我点赞 |
| 低感知风险 | 签字笔 | 无嵌入 | 悦心签字笔，秉承最真诚的态度，推出年底最低价，用心为您服务，请速来体验 |
| | | 嵌入网络语言 | 悦心签字笔，秉承最真诚的态度，推出年底最低价，**吓坏宝宝了，**请速来体验 |
| | | 嵌入标准语言 | 厉害了我的悦心，不玩套路来真的，一言不合就降价，**用心为您服务，**快来为我点赞 |

注：加粗的内容是嵌入的网络语言和标准语言。

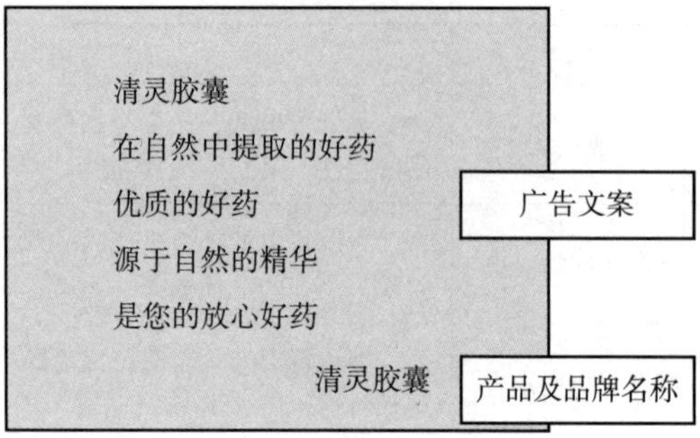


**图 7-1　实验材料示例**

当参与者进入实验室时，首先观看了实验说明书。参与者被要求通过眼动追踪系统仔细观看一系列印刷广告的幻灯片。例如，笔记本电脑产品说明书上写着，“假设你想买一台 5000 元的笔记本电脑，你看到了下面的广告”。实验开始前，参与者对眼动仪系统进行了定标。参与者坐在眼球追踪器的屏幕前，屏幕上显示着幻灯片。然后，研究人员要求参与者将下巴放在下巴支架上，让他们观看 5 张广告幻灯片，每张幻灯片播放 7 秒。眼动位置由 ASL-D6 眼动跟踪仪记录。在观看完广告后，参与者被要求回答关于他们对嵌入文案中的网络语言的认知度、他们对网络语言的态度以及产品的感知风险等问题。然后向参与者展示同一产品的其他版本的语码转换广告，并询问这三种版本（SL/EIL/ESL）的广告在文案的总体长度和语义方面是否有显著差异。实验中所有参与者都能识别出嵌入在文案中的网络语言，表明参与者对实验中使用的网络语言非常熟悉。此外，受访者表示，三组文案的长度和语义没有显著差异。最后，我们发现参与者的性别、年龄和对网络语言的态度在各组间没有显著差异。

### 3. 实验结果

研究对广告注意的假设进行了检验，结果如表 7-3 所示。

**表 7-3　语码转换、感知风险与广告注意**

| 分组 | 感知风险 | 语码转换 | 幻灯片 | 样本量 | 注视次数（次） | 注视时间（秒） |
|---|---|---|---|---|---|---|
| 1 | — | SL | 145 | 29 | 17.50 | 0.95 |
| | | | | | (18.58) | (1.20) |
| 2 | — | EIL | 185 | 37 | 26.79 | 1.50 |
| | | | | | (20.45) | (1.29) |
| 3 | — | ESL | 150 | 30 | 22.01 | 1.33 |
| | | | | | (17.57) | (1.25) |
| 4 | high | SL | 65 | 13 | 20.83 | 1.18 |
| | | | | | (21.26) | (1.42) |
| 5 | high | EIL | 90 | 18 | 24.84 | 1.36 |
| | | | | | (21.99) | (1.36) |
| 6 | high | ESL | 70 | 14 | 21.73 | 1.36 |
| | | | | | (17.03) | (1.24) |
| 7 | low | SL | 80 | 16 | 14.80 | 0.76 |
| | | | | | (15.70) | (0.93) |
| 8 | low | EIL | 95 | 19 | 28.64 | 1.64 |
| | | | | | (18.80) | (1.21) |
| 9 | low | ESL | 80 | 16 | 22.26 | 1.31 |
| | | | | | (18.13) | (1.26) |

对于低感知风险产品，通过注视次数来衡量，被试对语码转换的广告文案（EIL 和 ESL）的注视次数[$M_{注视次数8} = 28.64$, $M_{注视次数7} = 14.80$, $F(1,174) = 27.34$, $p<0.01$; $M_{注视次数9} = 22.26$, $M_{注视次数7} = 14.80$, $F(1,159) = 7.75$, $p<0.01$]和注视时间[$M_{注视时间8} = 1.64$, $M_{注视时间7} = 0.76$, $F(1,174) = 27.98$, $p<0.01$; $M_{注视时间9} = 1.31$, $M_{注视时间7} = 0.76$, $F(1,159) = 9.80$, $p<0.01$]显著高于标准语言(SL)广告文案。

但对于高感知风险的产品，两种语码转换对受试者注意的影响无显著性差异[$M_{注视次数5} = 24.84$, $M_{注视次数4} = 20.83$, $F(1,154) = 1.29$, $p = 0.26 > 0.1$; $M_{注视次数6} = 21.73$, $M_{注视次数4} = 20.83$, $F(1,134) = 0.07$, $p = 0.79 > 0.1$; $M_{注视时间5} =$

1. 36, $M_{注视时间4}$ = 1. 18, $F(1, 154) = 0.66$, $p = 0.42 > 0.1$; $M_{注视时间6}$ = 1. 36, $M_{注视时间4}$ = 1. 18, $F(1,134) = 0.65$, $p = 0.42 > 0.1$]。

对于低感知风险产品,EIL 和 ESL 两种语码转换的注视次数有显著差异[$M_{注视次数8}$ = 28. 64, $M_{注视次数9}$ = 22. 26, $F(1,174) = 5.17$, $p = 0.024 < 0.05$],但两组注视时间边缘显著[$M_{注视时间8}$ = 1. 64, $M_{注视时间9}$ = 1. 31, $F(1,174) = 3.04$, $p = 0.08 < 0.1$]。对于高感知风险产品,两种语码转换之间注视次数及注视时间均无显著差异[$M_{注视次数5}$ = 24. 84, $M_{注视次数6}$ = 21. 73, $F(1,159) = 0.96$, $p = 0.33 > 0.1$; $M_{注视时间5}$ = 1. 36, $M_{注视时间6}$ = 1. 36, $F(1,159) = 0.00$, $p = 0.99 > 0.1$]。

正如预测的那样，实验 1 的结果表明，与标准语言(SL)相比，在广告中嵌入网络语言(EIL 和 ESL)显著提高了消费者对广告的注意。这种效应只对低感知风险的产品有效，而对高感知风险的产品无效。实验 1 通过对比 EIL 和 ESL 的语码转换文案，也提供了语码转换方向效应的部分证据。结果表明，EIL 在注视次数上优于 ESL，但在注视时间上 ESL 语码转换更优。此外，这种影响只对低感知风险的产品显著。

综上所述，实验 1 的结果为支持消费者对广告注意的相关假设提供了证据。但仍有疑问的是，EIL 语码转换在注视时间的测量上并没有优于 ESL 语码转换。一种可能的解释是，由于 ESL 语码转换的文案中嵌入了多个网络短语，使得加工流畅性下降，这导致了更多的注视时间。由于网络语言具有创造性，较难处理，所以在广告中使用多个网络短语可能会导致更多的处理时间。

### (三)实验 2：产品感知风险与广告感知

实验 2 考察产品感知风险对于网络语言广告感知的作用，主要考察受众在广告态度和产品评价方面的差异。

#### 1. 被试

通过深圳大学 BBS 招募到 790 名中国学生参与调查，调查对象年龄在

18~28 岁，其中 38.61%为男性。所有参与者均为本科生或研究生，其中 89.2%的人每天至少上网 2 小时。

### 2. 研究设计与过程

实验 2 选择与实验 1 一致的实验材料，采用 3（语码转换类型：SL/EIL/ESL）×2（感知风险：高/低）的完全组间设计。

当参与者进入实验室时，首先，观看实验说明书。参与者被要求坐在电脑屏幕前，每位参与者只被要求仔细观看一张印刷广告的幻灯片。例如，笔记本电脑产品说明书上写着，“假设你想买一台 5000 元的笔记本电脑，你看到了下面的广告”。在观看完广告后，参与者被要求回答对嵌入网络语言的认知度、对网络语言的态度以及产品风险感知（Chaudhuri, 1998）等问题。然后，测量了消费者的广告态度（Ahn et al.，2017）及产品评价（Luna & Peracchio，2005b）。基于先前研究中使用的量表，研究使用的量表由消费者行为专业博士翻译成中文，并重新翻译成英文，以确保中文版本的量表与原文的含义相同。最后，让参与者观看同一产品的另外两个版本的语码转换广告。他们被问及这三种版本的广告在文案的长度和含义上是否有显著差异。

实验中所有参与者都能识别出嵌入在文案中的网络语言，表明参与者对实验中使用的网络语言非常熟悉。此外，受访者表示，三组文案的长度和语义没有显著差异。最后，研究发现参与者的性别、年龄和对网络语言的态度在各组间没有显著差异。

### 3. 实验结果

实验 2 的结果如表 7-4 所示。对于低感知风险的产品，EIL 语码转换文案的参与者的广告态度和产品评价均显著优于标准语言（SL）的文案。

表 7-4 语码转换、感知风险、广告态度及产品评价

| 分组 | 感知风险 | 语码转换 | 样本量 | 广告态度 | 产品评价 |
|---|---|---|---|---|---|
| 1 | — | SL | 255 | 3.72 | 3.48 |
| | | | | (1.06) | (1.07) |
| 2 | — | EIL | 270 | 4.08 | 3.73 |
| | | | | (1.01) | (1.08) |
| 3 | — | ESL | 265 | 3.83 | 3.69 |
| | | | | (1.13) | (1.15) |
| 4 | high | SL | 125 | 3.71 | 3.43 |
| | | | | (1.023) | (1.037) |
| 5 | high | EIL | 135 | 3.78 | 3.47 |
| | | | | (0.943) | (0.972) |
| 6 | high | ESL | 135 | 3.73 | 3.59 |
| | | | | (1.10) | (1.18) |
| 7 | low | SL | 130 | 3.72 | 3.54 |
| | | | | (1.099) | (1.098) |
| 8 | low | EIL | 135 | 4.39 | 3.99 |
| | | | | (0.986) | (1.122) |
| 9 | low | ESL | 130 | 3.94 | 3.79 |
| | | | | (1.160) | (1.112) |

[$M_{广告态度8}=4.39$，$M_{广告态度7}=3.72$，$F(1, 264)=27.00$，$p<0.01$；$M_{产品评价8}=3.99$，$M_{产品评价7}=3.54$，$F(1, 264)=10.72$，$p<0.01$]，与 ESL 文案广告态度和产品评价边缘显著 [$M_{广告态度9}=3.94$，$M_{广告态度7}=3.72$，$F(1, 259)=2.47$，$p=0.12>0.1$；$M_{产品评价9}=3.79$，$M_{产品评价7}=3.54$，$F(1, 259)=3.29$，$p=0.07<0.1$]。而对于感知风险较高的产品，语码转换广告语与标准语言广告语一般无显著差异 [$M_{广告态度5}=3.78$，$M_{广告态度4}=3.71$，$F(1, 259)=0.28$，$p=0.6>0.1$；$M_{产品评价5}=3.47$，$M_{产品评价4}=3.43$，$F(1, 259)=0.12$，$p=0.73>0.1$；$M_{广告态度6}=3.73$，$M_{广告态度4}=3.71$，$F(1, 259)=0.01$，$p>0.1$；$M_{产品评价6}=3.59$，$M_{产品评价4}=3.43$，$F(1, 259)=2.12$，$p=0.15>0.1$]。因此，假设 1（b）得到了部分支持。

结果表明对于低风险感知产品，EIL组的广告态度显著优于ESL组[$M_{广告态度8}=4.39$，$M_{广告态度9}=3.94$，$F(1, 264)=11.39$，$p<0.01$]，但在产品评价测量上不显著[$M_{产品评价8}=3.99$，$M_{产品评价9}=3.79$，$F(1, 264)=2.08$，$p=0.15>0.1$]。对于高感知风险产品，两项指标均无统计学意义[$M_{广告态度5}=3.78$，$M_{广告态度6}=3.73$，$F(1, 269)=0.18$，$p>0.1$；$M_{产品评价5}=3.47$，$M_{产品评价6}=3.59$，$F(1, 269)=1.37$，$p=0.24>0.1$]。因此，假设1（c）得到了部分支持。

实验2的结果证明，在广告中使用网络语言对消费者广告态度和产品评价有积极的影响。一般来说，EIL语码转换在这三种情况中表现得最好。ESL语码转换的说服效果介于EIL和SL之间。此外，实验2的结果表明，嵌入网络语言的广告效果受产品感知风险水平的调节，即在广告中使用网络语言只对感知风险低的产品有效，而对感知风险高的产品无效。

## 三、产品价值对网络语言广告态度的影响

### （一）实验设计

本章使用最为普遍的平面广告作为实验的广告形式，其中由广告文案和虚构品牌构成完整的广告刺激物。关于品牌的选择，为了避免实际品牌影响消费者的判断，排除不可控的因素，如品牌喜好和使用经验等（Brown & Dacin，1997），本章一律采用虚构品牌。由于图片对被试的吸引力大（Decrop，2007），所以在广告呈现时只有广告文案和虚构品牌两个要素。

本章主要研究广告中的不同语言嵌入方式对品牌认知和产品评价的不同影响，所以广告语言选择标准语言中嵌入网络语言和网络语言中嵌入标准语言。同时，为了验证语码转换的效果，本章引入纯标准语言作为参照

组，对比嵌入语言和非嵌入语言的广告效果。

本实验采取3（标准语言 vs. 网络语言嵌入到标准语言 vs. 标准语言嵌入到网络语言）×2（产品类型：必需品 vs. 奢侈品）的完全组间设计，共6组，每组30个样本，共180个样本。被试以在校大学生为主体，因为大学生作为年轻群体，上网时间和对互联网熟悉程度都有所保障，对网络语言了解甚多。因此，本次实验采用在校大学生作为被试。

在产品品类上，选出必需品和奢侈品两种不同的产品品类。由于网络语言与年轻群体联系紧密，考虑到品牌延伸的技术可行性，必需品和奢侈品需被大众消费者熟悉，能够分辨。本章采用 Fennell（1978）和 Solomon（1983）给出的产品品类划分标准，必需品解决消费者的实际问题，属于功能性产品。奢侈品强调外在性质，例如能提升个人形象、归属感或带来一定的社会意义，是一种象征性产品。同时，为了避免产品和广告语言带来的误差，分别选取5种产品品类，矿泉水、牙膏、食用油、毛巾、洗发水作为必需品，手表、汽车、香水、珠宝、皮具作为奢侈品，并对10种产品的广告文案字数进行统计、调整，使之字数差距维持在10%以下。

（二）量表

测量采用六点评分量表，考虑到奇数层有“中立”项，容易带来较大的反应偏差，六点量表在正向层面和负向层面上各分了三个水平，不仅避免了趋中反应，在选项的设置上也比五分量表更为细致（Maeda，2015）。

结合 Gardner（1985）、黄劲松等（2006）的量表，确定广告态度测量的5个题项为：广告文案是否良好、广告内容有无可信度、广告有无吸引力、是否喜欢该广告、广告很好/很难刺激购买（见表7-5）。

此外，在预调查中对部分测项进行相应调整，最终确定产品评价的测项为感知产品质量（质量、可靠性、耐用性）、感知产品价值（划算、可接受、物超所值）和购买意愿（购买意愿、考虑购买）。

表 7-5 实验量表测项问题

| | |
|---|---|
| 广告态度<br>Gardner（1985）、黄劲松等（2006） | 我认为广告文案不错 |
| | 我认为广告内容可信 |
| | 我认为广告有吸引力 |
| | 我喜欢该广告 |
| | 该广告能很好地刺激购买 |

必需品和奢侈品分类采取 Babin（1994）、Kim 等（2010）的标准，从价格价值、感知风险、购买频次、文化内涵、强烈需求、品质价值来分类（见表 7-6）。

表 7-6 产品品类测项

| | |
|---|---|
| 必需品和奢侈品分类<br>Babin（1994）、Kim 等（2010） | 此产品价格价值低 |
| | 此产品感觉风险低 |
| | 此产品购买频次高 |
| | 此产品带来较少的文化内涵 |
| | 此产品是绝对需要的 |
| | 此产品具有较低的品质价值 |

在问卷收集过程中，会受到性别、年龄、收入等个人特征属性的影响，同时不同年龄层次的人对网络语言的接受程度不同，不同收入人群对产品品类的看法也不一样。因此，本研究将网络语言态度、网络语言熟悉度、产品喜好、广告诉求方式作为控制变量进行操控。

### （三）数据处理

#### 1. 样本特征

实验回收问卷 900 份，每实验组收集问卷 150 份，剔除不符合条件的问卷，最终获得有效问卷 851 份，其中标准语言文案组 281 份，网络语言嵌入标准语言文案组 286 份，标准语言嵌入网络语言文案组 284 份，必需品文案组 423 份，奢侈品文案组 428 份。样本在各人口统计特征上的分布情况如表 7-7 所示。

**表 7-7　有效样本基本特征统计分析（N=851）**

| 基本特征 | 项目 | 标准语言文案组 | | 网络语言中嵌入标准语言文案组 | | 标准语言中嵌入网络语言文案组 | | 必需品 | | 奢侈品 | |
|---|---|---|---|---|---|---|---|---|---|---|---|
| | | 人数 | 占比（%） | 人数 | 占比（%） | 人数 | 占比（%） | 人数 | 占比（%） | 人数 | 占比（%） |
| 性别 | 男 | 142 | 50.5 | 141 | 49.3 | 148 | 52.1 | 214 | 50.6 | 217 | 50.7 |
| | 女 | 139 | 49.5 | 145 | 50.7 | 136 | 47.9 | 209 | 49.4 | 211 | 49.3 |
| 年龄 | 19~22 岁 | 166 | 59.1 | 130 | 45.5 | 80 | 和不等于100% | 207 | 48.9 | 169 | 39.5 |
| | 23~26 岁 | 82 | 29.2 | 135 | 47.2 | 130 | 和不等于100% | 185 | 43.7 | 162 | 37.9 |
| | 26 岁及以上 | 33 | 11.7 | 21 | 7.3 | 74 | 和不等于100% | 31 | 7.4 | 97 | 22.6 |
| 上网时长/天 | 2 小时以内 | 33 | 11.7 | 18 | 6.3 | 7 | 和不等于100% | 46 | 10.9 | 12 | 2.8 |
| | 2~4 小时 | 101 | 36 | 81 | 28.3 | 74 | 和不等于100% | 117 | 27.7 | 139 | 32.5 |
| | 4~6 小时 | 77 | 27.4 | 71 | 24.8 | 119 | 和不等于100% | 140 | 33 | 127 | 29.7 |
| | 6 小时以上 | 70 | 24.9 | 116 | 40.6 | 84 | 和不等于100% | 120 | 28.4 | 150 | 35 |
| 受教育程度 | 大专及同等学力 | 39 | 13.9 | 31 | 10.9 | 42 | 14.8 | 48 | 11.3 | 64 | 15 |
| | 大学本科及同等学力 | 198 | 70.5 | 210 | 73.4 | 206 | 72.5 | 315 | 74.5 | 299 | 69.9 |
| | 研究生以上 | 44 | 15.6 | 45 | 15.7 | 36 | 12.7 | 60 | 14.2 | 65 | 15.1 |

续表

| 基本特征 | 项目 | 标准语言文案组 | | 网络语言中嵌入标准语言文案组 | | 标准语言中嵌入网络语言文案组 | | 必需品 | | 奢侈品 | |
|---|---|---|---|---|---|---|---|---|---|---|---|
| | | 人数 | 占比（%） | 人数 | 占比（%） | 人数 | 占比（%） | 人数 | 占比（%） | 人数 | 占比（%） |
| 职业 | 学生 | 200 | 71.2 | 217 | 75.9 | 163 | 57.4 | 300 | 70.9 | 280 | 65.4 |
| | 非学生 | 81 | 28.8 | 69 | 24.1 | 121 | 42.6 | 123 | 29.1 | 148 | 34.6 |
| 收入水平 | 4000 元以下 | 213 | 75.8 | 263 | 92 | 185 | 65.1 | 337 | 79.7 | 324 | 75.7 |
| | 4001~7000 元 | 68 | 24.2 | 23 | 8 | 99 | 34.9 | 86 | 20.3 | 104 | 24.3 |

对样本基本统计特征进行方差分析。结果显示：网络语言中嵌入标准语言文案组和标准语言中嵌入网络语言文案组在性别［$F(1, 283)=1.150$，$p=0.284>0.05$］、年龄［$F(1, 283)=1.434$，$p=0.240>0.05$］、上网时长［$F(1, 283)=2.333$，$p=0.074>0.05$］、受教育程度［$F(1, 283)=0.818$，$p=0.442>0.05$］、职业［$F(1, 283)=0.950$，$p=0.331>0.05$］、收入水平［$F(1, 283)=0.382$，$p=0.537>0.05$］上无显著差异；标准语言文案组和网络语言文案组在性别［$F(1, 280)=2.228$，$p=0.137>0.05$］、年龄［$F(1, 280)=2.866$，$p=0.059>0.05$］、上网时长［$F(1, 280)=1.938$，$p=0.124>0.05$］、受教育程度［$F(1, 280)=0.717$，$p=0.489>0.05$］、职业［$F(1, 280)=1.941$，$p=0.492>0.05$］、收入水平［$F(1, 280)=1.366$，$p=0.243>0.05$］上无显著差异；必需品组和奢侈品组在性别［$F(1, 422)=0.287$，$p=0.593>0.05$］、年龄［$F(1, 422)=0.104$，$p=0.901>0.05$］、上网时长［$F(1, 422)=0.866$，$p=0.459>0.05$］、受教育程度［$F(1, 422)=3.187$，$p=0.420>0.05$］、职业［$F(1, 422)=0.153$，$p=0.696>0.05$］、收入水平［$F(1, 422)=0.258$，$p=0.612>0.05$］上无显著差异。

### 2. 操控检验

研究中产品为必需品和奢侈品。对必需品和奢侈品测量结果进行均值比较，发现必需品标准语言组、必需品网络语言中嵌入标准语言组、必需品标准语言中嵌入网络语言组，奢侈品标准语言组、奢侈品网络语言中嵌入标准语言组、奢侈品标准语言中嵌入网络语言组这六组的产品均值分别为4.58、4.48、4.51和2.47、2.55、2.50，其中，必需品产品组间差异不显著（$p=0.070>0.05$），奢侈品产品组间差异不显著（$p=0.503>0.05$），因此产品分类操作是成功的。

此外，对网络语言熟练程度和网络语言态度进行检验分析，在必需品广告组中，嵌入标准语言组被试和嵌入网络语言组被试的网络语言熟练度（$p=0.783>0.05$）、网络语言态度（$p=0.413>0.05$）均不存在显著差异。在奢侈品广告组中，嵌入标准语言组被试和嵌入网络语言组被试的网络语言熟练度（$p=0.841>0.05$）、网络语言态度（$p=0.253>0.05$）均不存在显著差异。结果显示，嵌入标准语言组和嵌入网络语言组并没有显著差别，所有测项的p值都在0.05以上。对产品喜好进行检验分析，结果显示，$p=0.089>0.05$，不存在显著差别。最后对问卷星和学校图书馆收集的问卷进行比较，结果显示，$p=0.195>0.05$，说明两种收集方式没有显著差别。

### 3. 信效度分析

关于量表的信度分析，采取信度系数 Cronbach's $\alpha$ 来判断。当 Cronbach's $\alpha$ 位于0.7以下，说明量表需要重新调整；处于0.7~0.8，量表较好，已经达到可接受的可信度；当 Cronbach's $\alpha$ 在0.8以上，则量表的信度很好。采用SPSS22.0对量表进行信度分析，结果发现，量表的信度均大于0.8，表明量表具有极高的可靠性和稳定性（见表7-8）。

**表 7-8　本实验量表信度**

| 变量 | 项目数 | Cronbach's α |
|---|---|---|
| 广告态度 | 5 | 0.951 |
| 产品品类 | 6 | 0.877 |
| 网络语言熟悉度 | 3 | 0.875 |
| 网络语言态度 | 3 | 0.872 |

对数据进行探索性因子分析和验证性因子分析。探索性因子分析对变量进行更为深入详尽的统计分析，检验数据是否有错误，获得数据的基本特征及对数据规律做初步的观察。验证性因子分析验证所得到的各因子与测项间的关系是否合理。

对各量表进行 KMO 和 Bartlett 球形检验，以判断是否适合做因子分析，结果显示总量表和广告态度、产品评价、品牌认知量表 KMO 均达到了 0.7 以上，Bartlett 球形检验与 p 值符合要求达到显著，适合进行因子分析。然后采用主成分分析法计算累计方差贡献率，提取出三个最大程度解释总方差的成分，并进行正交旋转。可以看出，广告态度、产品评价、品牌认知三个因子在充分提取和解释变量方面效果理想，同时对三个因子的问题测项进行旋转因子分析，均具有良好的结构效度和内容效度。根据共同变异方法，结果发现 AVE 值均大于 0.5，$AVE>\phi^2$，说明量表具有良好的收敛效度和区分效度。

此外，本研究使用 AMOS17.0 对量表的结构效度进行验证。通过适配度指标（Goodness-of-fit Index）进行评判，结果显示量表的 $\chi^2/df$ 值为 1.771，介于 1~3，表明量表的适配度较好。RMSEA 值为 0.072，小于 0.08，说明模型拟合较好。其他各指标也均在合理范围内，表明所选用量表的建构效度良好。

（四）实验结果

通过对网络语言中嵌入标准语言和标准语言中嵌入网络语言两者

对广告态度的比较分析发现，当产品为必需品时，广告中嵌入网络语言影响广告态度［$M_{标准语} = 3.67 < M_{网络语言中嵌入标准语言} = 3.77 < M_{标准语言中嵌入网络语言} = 4.66$，$F(1, 421) = 26.533$，$p = 0.000 < 0.05$］，且对三种不同广告语言类型进行两两比较（见表7-9），结果发现网络语言中嵌入标准语言与标准语言中嵌入网络语言两组存在显著差异（$p = 0.000 < 0.05$），即标准语言中嵌入网络语言能形成更积极的广告态度，假设2得到支持。

**表7-9　必需品组不同语言类型的广告态度比较**

| 分组比较 | | 均值差 | 标准误 | 显著性 | 95%置信区间 | |
|---|---|---|---|---|---|---|
| | | | | | 下限 | 上限 |
| 标准语言 | 网络语言中嵌入标准语言 | -0.098 | 0.149 | 0.512 | -0.391 | 0.196 |
| | 标准语言中嵌入网络语言 | 0.989 | 0.150 | 0.000 | -1.283 | -0.695 |
| 网络语言中嵌入标准语言 | 标准语言 | 0.098 | 0.149 | 0.512 | -0.196 | 0.391 |
| | 标准语言中嵌入网络语言 | -0.891 | 0.150 | 0.000 | -1.185 | -0.597 |
| 标准语言中嵌入网络语言 | 标准语言 | 0.989 | 0.150 | 0.000 | 0.695 | 1.283 |
| | 网络语言中嵌入标准语言 | 0.891 | 0.150 | 0.000 | 0.597 | 1.185 |

当产品为奢侈品时，广告中嵌入网络语言影响广告态度（$M_{网络语言中嵌入标准语言} = 3.85 < M_{标准语} = 4.29 < M_{标准语言中嵌入网络语言} = 4.43$）。其中，在网络语言中嵌入标准语言组的广告态度相比其他两组显著更低，这说明在奢侈品广告中不适合使用大量的网络语言。假设3得到支持。

在产品为必需品时，由于嵌入网络语言的凸显，进而受众产生对网络语言的联想，从而形成积极的广告态度。当产品为奢侈品时，由于奢侈品的感知价值高的特点，会对信息加工产生慎重的心理，奢侈品广告使用标准语言或标准语言中嵌入网络语言的语言能获得更积极的广告态度（见表7-10）。

**表 7-10　奢侈品组不同语言类型的广告态度比较**

| 分组比较 | | 均值差 | 标准误 | 显著性 | 95%置信区间 | |
|---|---|---|---|---|---|---|
| | | | | | 下限 | 上限 |
| 标准语言 | 网络语言中嵌入标准语言 | 0.469 | 0.134 | 0.002 | 0.139 | 0.799 |
| | 标准语言中嵌入网络语言 | -0.138 | 0.134 | 0.590 | -0.468 | 0.192 |
| 网络语言中嵌入标准语言 | 标准语言 | -0.469 | 0.134 | 0.002 | -0.799 | -0.139 |
| | 标准语言中嵌入网络语言 | -0.607 | 0.134 | 0.000 | -0.935 | -0.279 |
| 标准语言中嵌入网络语言 | 标准语言 | 0.138 | 0.134 | 0.590 | -0.192 | 0.470 |
| | 网络语言中嵌入标准语言 | 0.608 | 0.134 | 0.000 | 0.279 | 0.935 |

## 四、总结

本章探究了产品感知风险水平（高/低）及产品价值（奢侈品/必需品）对网络语言广告效果的影响。

第一，对于感知风险较低的产品，网络语言广告的效果要优于感知风险较高的产品。通过经典的精细加工可能性模型可以给这一效应以理论解释（Petty & Cacioppo，1986）。该模型提出，对于高卷入度产品，消费者倾向于采用中心路径，而不是边缘路径处理信息。同样，高感知风险产品的信息自然需要更多的注意和意识去处理，这意味着人们已经认真对待信息，不再需要进一步的注意和认知资源。但是对于低感知风险的产品，网络语言广告将获得更多的注意和努力。

第二，对于必需品，嵌入网络语言和嵌入标准语言对消费者关注的影响没有显著差异，但是它们的表现均优于单独的标准语言广告文案，表明网络语言有助于提高消费者对必需品品牌的关注度。对于奢侈品，嵌入标准语言的效果显著低于嵌入网络语言以及标准语言版本的广告，这说明在奢侈品广告中大量使用网络语言可能对奢侈品广告的态度起到显著的负面作用。

# 第八章

# 网络语言广告实战指南

前面的章节主要介绍了网络语言以及网络语言广告的各项学术研究，分别涉及以下主题：①网络语言风格研究，包括风格的分类、测量以及与品牌个性的关系；②网络语言的特性及其对广告效果的影响；③广告代言人与网络语言广告研究；④产品品类与网络语言广告研究。上述各项主题研究帮助我们从理论上更好地理解网络语言在广告中的作用机制。

但对于广告、品牌等领域的工作人员而言，不仅需要理解网络语言广告的作用机制，而且需要在现实的工作场景中灵活运用这些原理和机制，从而解决广告和品牌实践中“是否使用网络语言”“使用怎样的广告语言”“针对什么产品使用广告语言”和“在怎样的情境中使用广告语言”等具体问题。

有鉴于此，在前面各章内容的基础上，本章将结合营销案例介绍如何在实战中更好地使用网络语言广告，从而将前文的理论研究转化为营销实践指南。本章首先简要总结前面章节中的重要结论和规律，然后通过对典型广告实例的点评来说明如何在实践中运用这些规律，以达到更好的广告和营销效果。本章内容适合广告或者品牌活动的策划、文案等工作人员阅读。

## 一、网络语言的风格类型与品牌个性

### （一）实战要点

在对于网络语言风格的研究（详见第三章）中，发现网络语言存在不同的风格类型，同时，不同的网络语言风格对于品牌个性的塑造有着不同的作用。

网络语言风格是消费者对广告中所使用的网络语言所呈现的一系列特点

的综合把握。网络语言的风格既可能来自语言的气氛格调，也可能来自修辞、文体、语义，甚至是文字所体现的群体背景、时代背景和民族背景。

研究发现，网络语言的风格可以被分为7类。风格“爽”包含洒脱、精致、傲慢、苍劲、纯正、欢快、激昂等7个因子；风格“雅”包含亲和、委婉、清新、优美、新颖、可爱等6个因子；风格“巧”包含飘逸、凄婉、幽默、通俗质朴、温馨、温和、简洁7个因子；风格“利”包含尖锐、粗犷2个因子；风格“真”包含率真、叛逆、自嘲、善感和硬朗5个因子；风格“美”包含浪漫、高端大气、露骨3个因子；风格“活”包含豪放、不拘一格2个因子。不同风格的网络语言会影响品牌个性中的不同维度，可以帮助改变或者重新塑造品牌个性。

（二）案例评述

研究选择“故宫淘宝”的品牌传播案例，来介绍网络语言是如何帮助塑造和改变品牌个性的。

**1. 故宫淘宝：从庄严到“软萌”①**

品牌个性理论的起点是认为品牌和人一样具有特定的个性。从品牌个性的角度来看，有看将近600年历史的故宫通常被人们贴上以下标签，如“历史悠久”“古老神秘”“皇权象征”等，也正是这些标签确定了人们在传统上对故宫品牌的认知。

然而，近年来一系列故宫淘宝的品牌传播却一改往日形象，倾力打造了一个“软萌”的故宫。也正是这种品牌形象和个性的转变，让“故宫淘宝”成为创意营销界的“网红”，并在2017年创造了销售额超15亿元的惊人业绩。案例中，主要通过对“故宫淘宝”公众号的内容和运营情况进行分析，并结合其他相关资料，来说明网络语言对于“故宫淘宝”品牌塑造的作用。

① 本案例参考资料来源：“皇宫”里走出的“段子手”——从微信自媒体管窥“故宫淘宝”如何成为营销界“网红”［N］. 中国市场监管报，2018-01-18；实干CEO单霁翔退休：故宫在他手里变得会做生意［EB/OL］. 澎湃新闻，2019-04。

“故宫淘宝”是故宫开设的淘宝网店，主要销售与故宫有关的文创产品。2013 年 9 月 16 日，“故宫淘宝”微信公众号上线，宣传语是“来自故宫的礼物”，并发布第一篇文章《走进故宫之太和门》，自此开始自媒体营销的探索之路。

“故宫淘宝”微信公众号初期营销效果不佳。公众号所发布的内容多为介绍宫廷文化的文章，包括建筑、饮食、服饰和人物等。从文章内容和文字风格上看，往往知识性较强、篇幅较短、用语比较严谨，类似于文化科普的文章。然而，此类文章的阅读量开始仅有 500 左右。例如，2013 年 9 月 23 日，“故宫淘宝”微信公众号发布的第一条广告——《故宫周边推荐——十八子手串》，阅读量仅有 694。此后，该公众号又以“晒买家秀”“展示孤品集锦”等方式尝试新的营销方式，但依然反响平平。

直到 2014 年 7 月，“故宫淘宝”微信公众号的营销思路和内容风格开始改变，从此带来阅读量的迅猛增长。具有突破性意义的一篇文章出现在 2014 年 8 月 1 日，“故宫淘宝”以一篇题为《雍正：感觉自己萌萌哒》的文章收获了 10 万以上的阅读量和 2000 多的点赞数，并引发微信朋友圈的疯狂转发，成为一个营销热点作品。

在这篇以雍正皇帝比画着剪刀手卖萌为封面图片的文章中，《雍正行乐图（动态版）》正式发布。《雍正行乐图（动态版）》是设计师从《雍正行乐图》中选取 9 张代表性图片，并通过技术手段做成萌感十足的动态图。每张图片的下方都配上了带有网络语言词汇的文案。例如：“有时候，朕只想安安静静地做个美男子”“朕就是朕，颜色不一样的烟火”“你飞向前方自由翱翔，朕却始终跟不上你的脚步，好累”等。这篇文章发布后迅速受到网友热捧，为“故宫淘宝”打响了品牌知名度。

自《雍正行乐图（动态版）》成功后，一系列效果颇佳的营销实践开始推动“故宫淘宝”化身成一名“皇宫里的段子手”。比如，2014 年 10 月 31 日，“故宫淘宝”发布题为《没错！是朕!》的文章，以轻松幽默的文字介绍了雍正皇帝一天的生活。文章既融合历史知识，也推销故宫 2015

年周历产品。从2015年开始，类似推广文章开始频繁出现在“故宫淘宝”微信公众号上，并且不断推陈出新——用语更加网络化、年轻化、搞笑化，紧抓社会热点，大量使用具有滑稽感的颜表情和图片，植入的广告与文章内容更加浑然一体。

发布含有产品植入的趣味软文就此成为“故宫淘宝”开展自媒体营销的常用方式。这种手法在《朕有个好爸爸》《她是怎么一步步剪掉长发的》《从前有个皇帝他不好好读书》《明明她才是帝王们的心头肉》等文章中都得到充分体现。而这些文章也逐渐将“故宫淘宝”的品牌形象从“庄严”变成了“软萌”，从“严肃”变成了“亲民”，最终赢得大众消费者的青睐。

“故宫淘宝”文创事业的成功，得益于多种营销手法的组合使用和营销思路的转变。故宫博物院院长单霁翔曾表示，台北故宫的文创经营给了他启示。2013年，台北故宫推出“朕知道了”胶带，面市8个月，赚了约2660万新台币，一度卖断货。借鉴这一方式，故宫淘宝于2013年8月面向公众征集文化产品创意，推出了“奉旨旅行”行李牌、“朕就是这样汉子”折扇等产品。

与此同时，故宫新媒体团队开始有了雏形，这群在慈宁宫上班的80后被称为“资料信息部数字展示一组”，主要负责故宫的官方网站、微博、微信与App等网络媒体的策划、发布与运营。他们与腾讯合作，结合故宫IP开发出了多款App、H5和漫画。比如，红极一时的《穿越故宫来看你》、“韩熙载夜宴图”App、朱棣皇帝唱着rap的H5作品就是出自他们之手。正是凭借推陈出新地开展多维度、立体化的营销活动，明明可以拼颜值却非要靠实力卖货的“故宫淘宝”当上了营销界的“网红”。

### 2. 故宫淘宝案例点评

“故宫淘宝”作为故宫文创的主要销售渠道，在运营初期所面临的主要问题是继续沿用了故宫原有的“庄严”的品牌形象。作为中国历史的重要文化载体，故宫虽然无人不知无人不晓，但除了专业人士之外，很少有消费者会认为自已和故宫是有关联的或者亲近的。在这样的认知下，“故宫淘宝”很难和普通消费者拉近关系，这也导致初期“故宫淘宝”的知名度不高、产品销量不佳。如何扭转大众对于“故宫淘宝”的形象和个性认知成为当时“故宫淘宝”营销工作中亟待解决的问题。

《雍正行乐图（动态版）》的流行让“故宫淘宝”开始摸索到卓有成效的和年轻网民沟通的语言风格。这组动态图的爆红让品牌运营者认识到，相比于文章内容的改变，语言风格的调整对于传播效果的影响也许是更大的。历史故事是一定的，但是讲述的方式却有千百种。雍正帝的一个剪刀手，一句“萌萌哒”迅速拉近了和大众的距离。回过头来看《雍正行乐图（动态版）》，网络语言配文和动态图的作用可以说是平分秋色。可以想象，假如没有网络语言配文，这组动态图的传播效果也会逊色很多。

在“故宫淘宝”这个案例中，尤其值得总结和借鉴的，是故宫原有形象和使用网络语言后的形象差异。故宫使用的网络语言风格多以“可爱”“幽默”“率真”为主，属于“雅”“巧”“真”的范围。这些网络语言的运用使故宫的品牌形象有了一种“反差萌”，充分引起了年轻消费者的兴趣并逐步赢得他们的偏爱，实现了“品牌年轻化”的商业目标。从市场反应来看，这一策略对于故宫文创产品的销售无疑是成功的。

和故宫一样，很多品牌（不论大小）其实并不缺少故事，也不缺少产品，有时候缺少的，只是一句“萌萌哒”。比如“深大玉妹”（如图 8-1 所示）作为由深圳大学教师研发的一个卓有成效的祛痘产品，其目标客户群之一就是年轻的大学生，销售渠道也是年轻人爱用的天猫、京东等网络购物渠道。但在品牌形象的塑造方面，由于缺少鲜明的风格，一开始并没有和其他同类品牌产生很大的区别，也就较难为市场的快速拓展提供品牌的力量。与此同时，“玉妹”一词也容易与“性感”等形象联系起来，在一定程度上可能引起消费者对于品牌的误解①。

① 刘世雄，杨翩翩．从深大玉妹到诗碧曼：安雅公司品牌培育之路［I］．中国管理案例共享中心案例库，2017-09.

Shenda Yummy®
深大玉妹

图 8-1 “深大玉妹”品牌 LOGO

经过仔细研究后，“深大玉妹”品牌采用了“萌萌哒”的卡通形象，并配上“生活需要萌一点”的宣传语，主打“软萌”的品牌风格（如图 8-2 所示）。这一方面将“玉妹”二字的品牌联想更加具体化和可爱化，突出了产品自然、健康的特点和理念，另一方面也迎合了目标消费群的主流审美需求。这一巧妙的转变使“深大玉妹”和其他竞品之间产生鲜明的差异化，巩固和拓展了年轻消费市场。

图 8-2 深大玉妹天猫旗舰店的品牌设计①

① 图片来源于深大玉妹天猫旗舰店，经连云港安雅化妆品制造有限公司授权使用。

综合“故宫淘宝”和“深大玉妹”两个案例可以发现，网络语言在品牌个性和品牌形象打造上具有巨大的力量。适当地借助某类特定风格的网络语言，不仅可以让品牌更为生动活泼，也能让品牌和年轻消费市场的关系更为紧密。在某种程度上，网络语言风格已经开始成为消费文化中的主流趋势，是营销工作者不得不详加考虑的一种社会力量。

## 二、网络语言特性和广告效果

（一）实战要点

网络语言的核心特点是趣味性和年轻化。年轻群体是网络语言的主要创造者和使用者。在针对年轻消费者的营销任务中，如果产品本身并不具备突出特点和实现差异化的条件，则可以考虑从网络语言的角度让产品和网络文化有机地结合，从而赋予“平凡的产品”以趣味性和时尚感，以获得年轻族群的认同。

（二）案例评述

**1. 麦当劳：椰子水饮品的 yē yé yě yè ①**

2019 年 5 月，在椰子水越来越受欢迎的趋势下，麦当劳推出第一款椰子水饮品。该款产品主要有两种口味，分别是“椰子水+椰清甜+椰爆珠+椰子片”和“椰子水+椰清甜+椰奶冻+椰子片”（如图 8-3 所示）。针对这款产品的主要营销任务是如何迅速打入年轻女孩的消费市场。

---

① 本案例参考资料来源：yē yé yě yè，太好喝了椰！［EB/OL］. 广告门，180 壹捌零，2019-09.

图 8-3　麦当劳椰子水产品图[①]

独立创意公司 180 与麦当劳品牌一起用一种与网络语言相关的创意方式来讲述椰子水的故事。经市场研究发现，该款产品的目标消费者是“95 后”的数字一代。“95 后”是随着移动互联网成长起来的一代，其语言具有网络化和社交化的特点，形成了具有鲜明特点的语言体系。“95 后”的少女们，有一种经典而普遍的讲话方式：当她们想要卖萌的时候，会不由自主地讲话带“ye”的发音。例如“不知道 ye，好漂亮 ye，好 ye”等。而椰子水饮品恰好自带“椰”的属性。于是，在这个营销策划中，麦当劳将椰子水命名为“yē yé yě yè”。就这样，从讲话的习惯，到 yē yé yě yè 的“椰”；从讲话方式所产生的撒娇卖萌语气，到产品可以贩卖的萌萌的文化，麦当劳挖掘出一套属于 yē yé yě yè，属于“95 后”的语言体系。如图 8-4、图 8-5 所示。

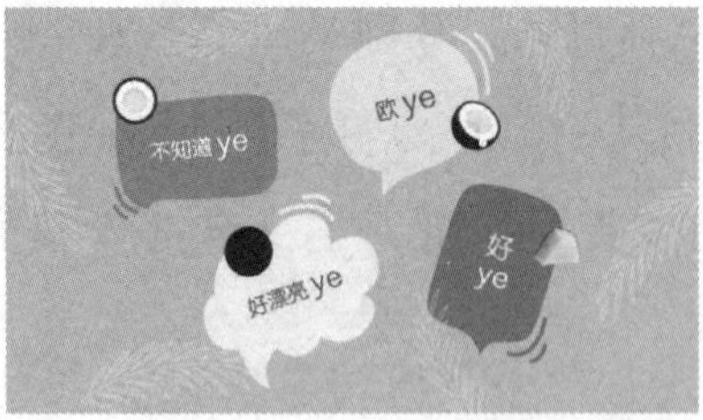


图 8-4　“95 后”少女讲话带“ye”的习惯[②]

图 8-5　麦当劳对“ye”的阐述[③]

①②③　图片由麦当劳中国授权提供。

随着营销活动的推进，麦当劳更进一步将这一语言体系与《声入人心》的美声合唱团相结合，一种卖萌唱美声的方式也诞生了，四位美声小哥哥，椰味四重唱!

从产品到“95后”的语言文化，再到创造性的营销方式、演绎方式，巧妙地创造了一种新的广告方式，短短数周之内，麦当劳椰子水一再断货，成为2019年夏天的爆款产品。如图8-6所示。

图8-6　麦当劳椰子水的营销成果①

## 2. 麦当劳椰子水案例点评

麦当劳椰子水的品牌传播案例，准确地说，是一个产品案例，而非品牌案例。这一案例的最大特点，是将产品名称特点与目标用户的网络语言习惯结合起来，从而赋予产品以创造性、趣味性和互动性。

麦当劳椰子水的营销难点在于，椰子水本身是一款在夏天很受年轻女性欢迎，但又很大众化的普通产品。如何从这款普通产品中提炼出具有营销价值的传播核心内容是很多营销工作人员所面临的难题。麦当劳椰子水通过将“椰”字的谐音和少女卖萌时语气词“ye”有机地结合起来，将网络语言作为一种链接媒介，实现产品与目标群体文化的关联。这一案例为此类营销提供了一个崭新的思路。

---

① 图片由麦当劳中国授权提供。

在对网络语言特点的研究中发现，这类语言的最大特点就是趣味性。而如何把这种趣味性通过一种合理的方式移植到产品或品牌中，则是营销实务中经常面临的挑战。麦当劳椰子水的案例所提供的思路是，通过提炼产品特点和目标群体的语言特点中的共性，可以较好地实现这种移植和转化。

这一案例启发我们，在对目标消费者的研究中，除了常见的人口统计特征、购买力、审美偏好等属性的分析外，还可以对这一群体的沟通方式和语言习惯进行深入研究。特定的语言表达是群体文化的代表，也往往是品牌和产品迅速融入该群体的最好突破口之一。

## 三、网络语言与广告代言人

### （一）实战要点

网络语言和网络文化的使用，其主要的营销功能是实现产品或品牌在网络环境下的快速扩散，营造热点现象，从而提升品牌知名度。因此，网络语言更加适用于品牌知名度较低，对市场规模扩大的要求较为紧迫的企业。同时，我们的研究表明，网络语言的使用并不能提升消费者对于品牌的信任，进而要求品牌同时使用名人代言等营销方式，在知名度提高的同时，获得消费者的品牌信任。这一点在对品牌信任度要求较高的行业中尤为重要。

### （二）案例评述

#### 1. 卫龙："有趣"与"品质"并进[①]

在"80后""90后"眼中，五毛钱一包的辣条是共同的童年记忆，也是永不过气的网红食品。辣条品牌卫龙成立19年来，从一个杂牌逐步进阶

① 本案例参考资料来源：杜蕾斯都得服！卫龙辣条才是营销界的老司机［J］. 21世纪商业评论，2018（10）；年入20亿！卫龙辣条：刷屏级营销的秘密只有一个［EB/OL］. 36氪，2018（06）。

为畅销全球的零食品牌，成功塑造了既与年轻人“打闹嬉戏”融为一体，又兼顾食品安全和品质的品牌形象。

卫龙作为主营辣条这种面筋食品的企业，在其市场发展的过程中，主要面临两大难题。①辣条行业竞争激烈，产品同质化严重（如图 8-7 所示），如何从中脱颖而出，迅速引起消费者的注意？②辣条行业频频被曝光食品安全问题，如何才能增强消费者的信任？

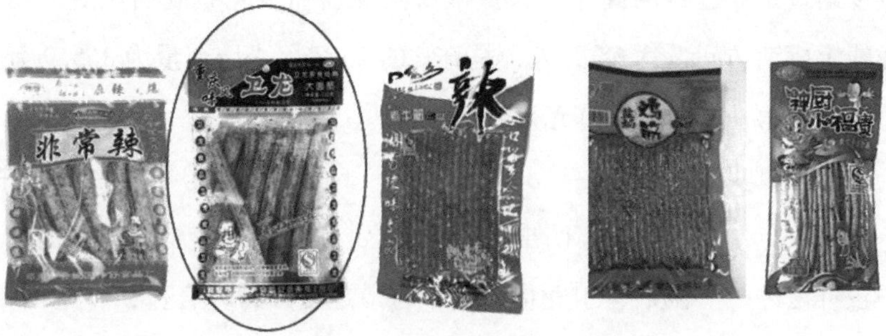


**图 8-7　辣条产品同质化严重**

在发展初期，卫龙作为一个辣条品牌还未能拥有广泛的市场知名度，也就很难扩大市场规模。在具体的营销活动策划中，为了实现卫龙品牌知名度的最大化，其营销团队逐渐摸索和确立以“有趣”为中心的原则。卫龙的营销团队认为，“营销是适应时代的趋势去走的”，“如果三年前是鸡汤的时代，那么现在就是与恶趣味、搞笑、娱乐等元素相关的时代”，“营销，对于企业来说，要让更多人记住。对于消费者而言，只需要一个点，有趣。”

在这样的方针下，卫龙策划和实施了一系列营销活动，包括在包装上使用网络语言、“自黑”淘宝网店、与暴漫的网络流行表情包合作等，使卫龙一跃坐上辣条界的第一把交椅，成为辣条品类中最具人气和代表性的品牌。其中具有标志性的活动是卫龙旗舰店的“自黑”事件。

2016年6月，一则卫龙天猫旗舰店被黑的消息刷屏，卫龙天猫旗舰店首页上满屏幕黑底红字地写着“凭什么不给我发货”；恢复正常后，再次被“我要给你点颜色看看”“你为何这么叼”等暴漫表情包淹没。卫龙官方微博当时对此的解释是，顾客的收货地址和相关信息有问题，无法发货，导致店铺被黑。

这一事件迅速引起了广泛关注，当天“辣条被黑了”的微博话题关注度一度超过正在进行的高考。大量微博网友前往卫龙旗舰店围观。当天，卫龙线上店铺访问量达68万人，是日常的20倍，进店流量为365.9万次，达到行业的第一名，全网曝光量近6000万。

然而，事实的真相是，这只是一场为“6·18”造势的自黑式营销事件。下午6点左右，官方声明出现：“没错，它就是个营销，你真的信了，那也没办法……”随后，卫龙借势宣布与暴走漫画跨界合作，将推出一系列暴漫定制化辣条（如图8-8所示）。

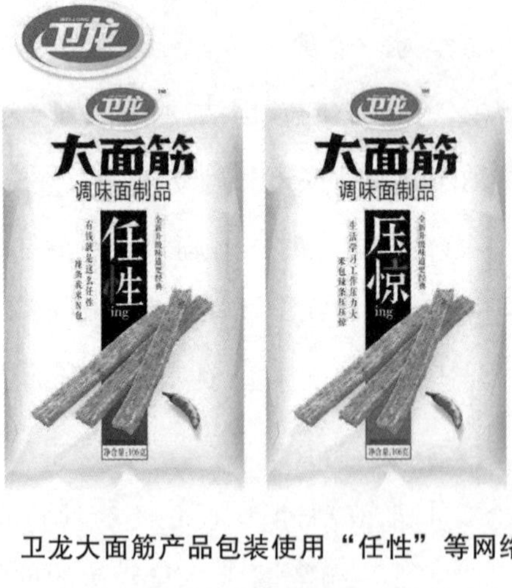


**图8-8　卫龙大面筋产品包装使用“任性”等网络语言**①

① 图片由漯河市平平食品有限责任公司（卫龙）授权提供。

然而，通过制造或者蹭热点的趣味营销方式虽然可以提升卫龙的品牌知名度，但在辣条行业频繁出现食品安全问题的大环境下，依然难以消除消费者对于卫龙的食品安全顾虑。为此，卫龙采取了对工厂进行网络直播、邀请专家和青少年参观、重新设计产品包装等方式来增强消费者信任（如图 8-9 所示）。与此同时，卫龙也采用了名人代言的方法，如邀请赵薇、文章等一线明星作为品牌代言人，以塑造一个具有高品质的零食品牌形象。

| 1 | 2 | 3 | 4 |
|---|---|---|---|
| 2016年6月8日 | 2016年7月11日 | 2016年9月初 | 2016年10月15日 |
| 旗舰店被黑（6·18营销） | 张全蛋直播厂区 | 模仿苹果7 | 仿苹果风线下体验店 |

**图 8-9　2016 年卫龙营销活动整理①**

卫龙采用齐头并进的营销策略，一方面使用紧跟流行文化和社会热点的方式，用“有趣”的网络语言和营销方式扩大品牌知名度；另一方面采用请名人代言、“工厂直播”、包装升级等方式提升产品的品质感，增强消费者对于卫龙辣条的食品安全信任。在多年的努力下，卫龙实现了年销售 100 亿包辣条，收入 20 亿元的跨越式发展。

### 2. 卫龙案例点评

卫龙的崛起被认为是一个现象级的品牌营销案例。在一系列的营销活动中，卫龙逐步解决了品牌知名度低和产品信任低这两个市场难题，最终成为国内首屈一指的零食品牌。

在卫龙这个案例中，网络语言的使用和营销趣味化的方针主要解决了品牌知名度低这个问题，但是无法实现提升品类信任的目标，尤其是在辣条这样一个食品安全负面新闻频发的品类之中。在这样的情况下，使用名

① 本材料由漯河市平平食品有限责任公司（卫龙）授权提供。

人代言等方式作为营销手段的补充，进一步解决了产品信任度低的市场问题，是非常有益的。

卫龙的案例启示我们，在需要较高“品类信任”的行业中，单纯依靠网络语言的营销方式并不能解决消费者的“品牌信任”或“产品信任”问题。正如本书前文研究中所揭示的，网络语言对于广告信任和产品信任并没有显著的正向作用，在一定条件下还可能产生负向作用，而提升产品的设计感、邀请知名代言人等方式对这一问题则有显著的帮助。一种营销手段所能解决的市场问题是有限的，在这样的情况下，多种营销方式的有机结合才是系统解决各类市场问题的有效途径。

## 四、网络语言与产品品类

### （一）实战要点

基于精细加工可能性模型的实证研究表明，网络语言作为一种广告说服手段，主要是以边缘线索的方式对消费者的认知起作用。因此，从产品品类的角度来看，网络语言主要适用于低感知风险、低产品价值和低卷入度的产品，而非高感知风险、高产品价值或高卷入度的产品。

与此同时，网络语言也是年轻群体身份的典型表达。一般而言，网络语言的使用群体较为年轻，消费能力还不高，在消费决策中感性冲动大于理性思考。这一族群也是很多必需品或低价值产品的主要消费群体，与网络语言的主要使用群体是相吻合的。因此，只有充分考虑品类特征和网络语言的结合点，才能使网络语言广告事半功倍。

## （二）案例评述

### 1. 江小白：年轻人的情怀[①]

2012 年，陶石泉创立了江小白品牌，在重庆江小白酒业有限公司旗下的江记酒庄酿造生产。江小白是一种自然发酵并蒸馏的高粱酒，以生活很简单为品牌理念，定位于比较年轻的消费群体。江小白的产品定价也相对便宜，一瓶 40 度 100 毫升的江小白售价一般在 18 元左右。相对于老牌白酒而言，江小白属于白酒中低价位的品牌。

为了实现产品差异化和赢得年轻群体的喜爱，江小白另辟蹊径，在酒瓶包装的宣传标语上下足功夫。一系列流行的网络短句被印在酒瓶的显著位置，成为江小白最突出的产品特色，比如，“走过一些弯路，也好过原地踏步”“世界最遥远的距离，是碰到了杯却碰不到心”等（如图 8-10 所示）。

**图 8-10 江小白产品包装文案示例**

这些文案不仅使江小白在包装形式上脱颖而出，而且迅速获得了年轻人的认同。江小白似乎懂得，年轻人需要的并不是母亲式的唠叨，而是一种共情，江小白的文案则恰好满足了年轻人对共情的需要。看到这些文案的时候，年轻人不自觉地产生一种“江小白懂我”的感觉，由此触发品牌共鸣。

在通过网络语言文案打开品牌知名度和销量后，江小白不但要让喝酒

---

① 本案例参考资料来源：那些江小白的营销案例，99%都没讲明白［EB/OL］. 新浪网，2018-07；用酒讲故事，江小白 2017 年度品牌案例精选［EB/OL］. 梅花网，Maggie，2017-12. 案例图片使用经重庆江小白酒业有限公司授权。

变得好玩、有趣，还要让喝酒这件事变得有画面感和场景化。江小白开始聚焦于四种消费场景：小聚、小饮、小时刻和小心情。

小聚，指的是三五个同事、朋友以及同学之间的非商务应酬。小饮，就是不拼酒，点到为止，讲究适度。小时刻，指的是饮酒时机和饮酒场景的经常性与偶然性。小心情，则是指将酒和年轻人的心情、情绪挂钩，不仅满足功能性的需求，更要满足情感上的需求。这些场景，也是来自江小白对消费者洞察的结果，是年轻人与传统白酒爱好者的重要区别。为了实现场景的画面感，江小白把移动小酒馆开到了全国各地，推出了“江小白MIX”这种新喝法，用江小白做基酒搭配其他饮料调制各种混合饮料，又一次抓住了年轻人的心。

除了酒瓶包装之外，在其他形式的品牌宣传中，江小白也继续贯彻“年轻”和“情怀”这两个主题。例如，2017 年正值重庆直辖 20 周年，江小白联合张晏铭，打造了城市 MV《你好，重庆》。简短的 MV 里讲述了 6 对普通人在重庆这座城市发生的故事。有男欢女爱，有理想碰撞，有重游故乡……看着看着就能让人感触万千。除了 MV，江小白还出了一系列情怀满满的重庆主题海报和主题酒包装，文案和海报都很美、很走心（如图 8-11 所示）。

**图 8-11　江小白《你好，重庆》海报**

除了惊艳的海报文案，江小白还推出了“重庆味道瓶”。地标建筑和江小白瓶身搭配，就算你没有去重庆，也能体会重庆风味、欣赏重庆建筑。此外，江小白还联合《中国有嘻哈》人气选手推出了 HipHop 瓶，瓶身上的文案又是金句。如图 8-12、图 8-13 所示。

**图 8-12　江小白重庆味道瓶**

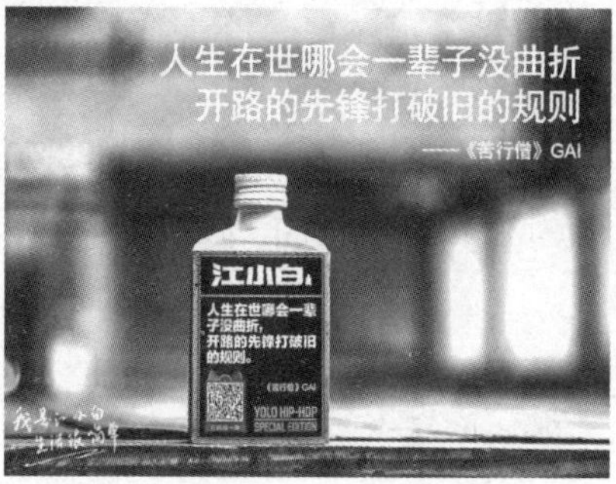


**图 8-13　江小白和 GAI 瓶**

这些品牌传播方式都具有统一的风格，就是延续了江小白最早推出的“表达瓶”的特点，以产品包装和特色文案表达年轻人的情怀。一系列此类的营销方式帮助江小白成为高知名度的低价白酒品牌，实现了 2017 年营收 10 亿元的目标。

### 2. 江小白案例点评

用年轻人的语言表达年轻人的情感，从而获得年轻人的共鸣，是江小白案例的最大特色。但这一切的先决条件在于，江小白在产品、定价等各方面都是适合年轻族群购买和饮用的。江小白度数较低，常以小瓶包装，同时价格也相对便宜，这些条件都为其针对年轻人的营销活动打下了基础。

不管江小白的文案如何“煽情”，情感共鸣终究只是说服的一种方式。这种方式对于低价值、低感知风险的产品有着显著的作用，因为消费者在做出购买决策时没有必要对购买成本或可能造成的风险进行全面的考虑。相比之下，假设茅台等高端白酒采用类似的营销方式，也应该无法获得好的效果，因为茅台的品牌、定价、历史等一系列品牌资产和产品特点都并不契合年轻的消费群体。

营销不只是宣传，而是对于产品、定价、目标群体和品牌等要素进行的系统整合和整体表达。从这个意义上说，营销活动绝不是相互独立或者可以分割的，而是对品牌形象和品牌资产的有目的的梳理、补充和调整。网络语言的方式之所以适合江小白，是由其产品、定价、目标人群特点等一系列元素所决定并相互成就的。比如，反过来看，网络语言的方式可能也无法帮助江小白实现品牌的高端化和产品的高溢价。因为这个目标超出了网络语言广告效果的范围，同时也并不契合江小白目前的品牌资产积淀。

## 五、总结

本章结合真实的商业案例，对“使用网络语言的作用”“使用怎样的网络语言”“哪类产品适合使用网络语言”以及“网络语言如何与其他营销手段相结合”等品牌传播实践中的问题进行了说明。综合本章内容，我们对实战要点总结如下：

第一，使用网络语言的作用。网络语言在营销中的作用主要有赋予产品或品牌趣味性、拉近与年轻消费者的距离、增加营销内容的网络扩散概率等。从品牌的角度看，网络语言广告还具有赋予新的品牌个性、实现品牌年轻化和差异化等作用。

第二，使用怎样的网络语言。根据产品或品牌的特点，可以使用不同风格的网络语言。如“故宫淘宝”案例使用“率真”“可爱”“幽默”的网络语言塑造了“软萌”的形象，江小白使用“煽情”的网络语言引起了年轻人的共鸣，麦当劳使用“可爱”的网络语言契合了少女的语言习惯，等等。在特定的营销任务中，可以深入挖掘和考虑使用目标消费群体常用的习惯性语言，以达到与消费者契合的目的。

第三，哪类产品适合使用网络语言。通常低价值、低感知风险和低卷入度的产品适合使用网络语言作为传播内容。在本章中，“故宫淘宝”的文创产品、麦当劳的饮品、卫龙辣条和江小白等成功案例均属于此类产品。反之，高价值、高感知风险和高卷入度的产品一般不适合使用网络语言。这一方面是由说服的心理机制决定的，另一方面也存在与目标消费者不契合的风险。

第四，网络语言如何与其他营销手段相结合。使用网络语言无法实现提升品牌的品质感和信任感的功能。因此，在对品牌或产品信任要求较高的行业和品类中，需要借助如名人代言等手段作为营销组合的一种补充。本章中卫龙的案例对这一点进行了具体的说明。这一要点也适用于其他，如食品药品、婴幼儿用品、洗护产品等对品牌信任有着高要求的行业。

# 参考文献


[1] 北京大学中文系汉语教研室．现代汉语（中册）[M]．北京：高等教育出版社，1958.

[2] 曹炜．广告语言学教程 [M]．广州：暨南大学出版社，2009.

[3] 陈建华．网络语言的发展及其规范 [J]．福州大学学报（哲学社会科学版），2004，18（1）．

[4] 陈敏哲，白解红．汉语网络语言研究的回顾、问题与展望 [J]．湖南师范大学学报（社会科学版），2012，41（3）：130-134.

[5] 陈瑞，郑毓煌，刘文静．中介效应分析：原理、程序、Bootstrap方法及其应用 [J]．营销科学学报，2013（9）：120-135.

[6] 丁崇明．语言变异与规范 [J]．北京师范大学学报（社会科学版），2002（6）：78-82.

[7] 方杰，张敏强．中介效应的点估计和区间估计：乘积分布法、非参数 Bootstrap 和 MCMC 法 [J]．心理学报，2012（44）：1408-1420.

[8] 高红阳．不对称信息经济学研究现状述评 [J]．当代经济研究，2005（10）：23-28.

[9] 高名凯．语言论 [M]．北京：科学出版社，1963.

[10] 黄胜兵，卢泰宏．品牌个性维度的本土化研究 [J]．南开管理评论，2003，6（1）：11-15.

[11] 胡范铸．语言风格说略 [J]．修辞学习，1987（2）：57-59.

[12] 胡凌，刘云，杨传丽．网络语言二十年发展综述 [J]．湖南大学学报（社会科学版），2014，28（5）：136-141.

[13] 胡裕树．现代汉语（增订本） [M]．上海：上海教育出版

社，1981.

［14］江波．广告心理新论［M］．广州：暨南大学出版社，2014.

［15］金萍华．“听出”品牌——论电视广告声音与品牌塑造［J］．广告大观（综合版），2001（3）：40-41.

［16］金志成，周象贤．受众卷入及其对广告传播效果的影响［J］．心理科学进展，2007，15（1）：154-162.

［17］靳琰，曹进．网络语言使用与传播人群实证调查［J］．现代传播（中国传媒大学学报），2010（11）：111-115.

［18］李腊花．论武汉青年学生对武汉方言、普通话和英语的态度［J］．理工高教研究，2007，26（6）：122-125.

［19］李如龙．方言与文化的宏观研究［J］．暨南学报（哲学社会科学版），1994，16（4）：139-148.

［20］李研，李东进．变异成语对消费者广告态度和企业感知的影响［J］．管理评论，2013（25）：132-141.

［21］李宇明．语言学概论（第二版）［M］．北京：高等教育出版社，2008.

［22］黎运汉．1949年以来语言风格定义研究述评［J］．语言文字应用，2002（1）：100-106.

［23］林景英．广告语言与中西文化［J］．桂林师范高等专科学校学报（综合版），2005，19（1）：55-57.

［24］林晖芸．调节定向的影响因素及调节性匹配对说服效果的影响［D］．首都师范大学，2008.

［25］刘娟娟．印象管理及其相关研究述评［J］．心理科学进展，2006，14（2）：309.

［26］刘世雄，梁秋平，姜凌．广告语言类型对广告态度之影响研究［J］．深圳大学学报（人文社会科学版），2012，29（4）：137-143.

［27］刘世雄，席金菊，温小山．广告语言与产品卷入度对广告卷入度的影响研究［J］．应用心理学，2013，19（2）：99-110.

［28］刘世雄．广告语言形象的概念化、测量与有效性［J］．营销科学学报，2014（1）：112-125.

［29］卢小群．小议方言广告研究［J］．中南林学院学报，2004，24（6）：78-79.

［30］马倩．网络流行语的幽默语言分析［J］．安徽文学（下半月），2010（7）：236.

［31］欧阳文静，冯蛟．网络与实体店铺印象维度、感知信任及购买意愿的比较［J］．中国流通经济，2013，27（11）：77-83.

［32］庞隽，毕圣．广告诉求——品牌来源国刻板印象匹配度对品牌态度的影响机制［J］．心理学报，2015（47）：406-416.

［33］秦秀白．网语和网话［J］．外语电化教学，2003（94）：1-6.

［34］任荣．从语言经济学的角度看流行语［J］．语言与翻译，2004（1）：27-30.

［35］施春宏．网络语言的语言价值和语言学价值［J］．语言文字应用，2010，75（3）：70-80.

［36］孙洁，樊启迪，巢乃鹏．网络流行语的概念辨析与传播过程［J］．南京邮电大学学报（社会科学版），2011（13）：15-19.

［37］索绪尔．普通语言学教程［M］．北京：外语教学研究出版社，2001.

［38］孙熙姝．广告幽默国外研究综述——幽默对广告效果作用的影响因素［J］．广告大观（理论版），2008（5）：33-38.

［39］涂方祥，杨晨．企业家的进取精神对企业家代言效果的影响机制研究［J］．中大管理评论，2014，9（1）：76-90.

［40］王焕运．汉语风格简论［M］．石家庄：河北教育出版社，1993.

［41］王希杰．修辞学通论［M］．南京：南京大学出版社，1996.

［42］温忠麟，张雷，侯杰泰，刘红云．中介效应检验程序及其应用［J］．心理学报，2004（36）：614-620.

［43］谢毅，彭泗清．品牌信任和品牌情感对口碑传播的影响：态度和态度不确定性的作用［J］．管理评论，2014，26（2）：80-90.

［44］谢芷欣．网络语言的风格特点［J］．平顶山师专学报，2004（1）．

［45］许子为，张顾为，何淼．网络语言的功用与政治理论传播的契合度分析［J］．宁夏大学学报（人文社会科学版），2012，34（4）：171-174.

［46］严标宾，张兴贵，邱林．人力资源管理中的印象管理研究述评［J］．经济与管理评论，2013（1）：59-66.

［47］杨晨，王海忠，钟科，付佳，江红艳．支付方式对产品偏好的影响研究［J］．管理学报，2015，12（2）：264-275.

［48］杨道俊．广告媒介可信度评价量表研究［D］．厦门大学，2009.

［49］叶蜚声，徐通锵．语言学纲要［M］．北京：北京大学出版社，1981.

［50］杨舒．心理语言学视角下的广告语言［M］．海外英语（上），2013，16（8）．

［51］杨志岐．趣味广告［M］．长沙：中南大学出版社，2003.

［52］姚婷．浅析网络语言［C］．江西省语言学会 2006 年年会论文集，2006.

［53］姚琦，乐国安．动机理论的新发展：调节定向理论［J］．心理科学进展，2009（17）：1264-1273.

［54］于根元．语言学概论［M］．北京：商务印书馆，2003.

［55］俞秋萍．网络流行语及其广告传播价值研究［D］．浙江大学，2010.

[56] 张德明. 语言风格学 [M]. 长春：东北师范大学出版社，1989.

[57] 张薇，王红旗. 网络语言是一种社会方言 [J]. 济南大学学报（社会科学版），2009 (19)：25-28.

[58] 张玉玲. 网络语言幽默风格的创新 [J]. 湖北师范学院学报（哲学社会科学版），2009 (29)：59-62.

[59] 赵庆柏，柯娓，童彪，周治金，周宗奎. 网络语言的创造性加工过程：新颖 N400 与 LPC [J]. 心理学报，2017 (49)：143-154.

[60] 郑远汉. 言语风格学（增订本） [M]. 武汉：湖北教育出版社，1998.

[61] 郑远汉. 关于网络语言 [J]. 华中科技大学学报（社会科学版），2002 (16)：102-106.

[62] 周洪波. 网络语言的位置 [J]. 语文世界，2002 (4)：5-6.

[63] 周丽玲. 消费者广告态度及影响因素研究 [J]. 新闻与传播评论，2005 (00)：221-258.

[64] 周象贤，金志成. 国外对平面广告受众注意心理的眼动研究 [J]. 心理科学进展，2006 (14)：287-293.

[65] 周象贤. 幽默广告诉求及其传播效果 [J]. 心理科学进展，2008 (6)：955-963.

[66] 张静. 新编现代汉语 [M]. 上海：上海教育出版社，1980.

[67] 朱丽叶. 调节聚焦理论及其在营销研究中的应用 [J]. 经济经纬，2009，19 (5)：120-123.

[68] 庄爱玲，余伟萍. 副品牌伤害危机对主品牌评价影响研究——消费者负面情感的中介作用 [J]. 华东经济管理，2012，26 (4)：115-119.

[69] 宗世海. 论言语风格的定义 [J]. 暨南学报，2002 (4)：90-102.

[70] Aaker, J. Dimensions of brand personality [J]. Journal of Marketing Research, 1997, 34 (3): 347-356.

[71] Aaker, J. & Lee, A. "I" seek pleasures and "We" avoid pains: The role of self-regulatory goals in information processing and persuasion [J]. Journal of Consumer Research, 2001, 28 (1): 33-49.

[72] Ahn, J. & Ferle, C. L. Enhancing recall and recognition for brand names and body copy: A mixed-language approach [J]. Journal of Advertising, 2008, 37 (3): 107-117.

[73] Ahn, J., Ferle, C. L. & Lee, D. Language and advertising effectiveness: Code-switching in the Korean marketplace [J]. International Journal of Advertising, 2016 (49): 1573-1576.

[74] Ahn, J., Ferle, C. L. & Lee, D. Language and advertising effectiveness: Code-switching in the Korean marketplace [J]. International Journal of Advertising, 2017, 36 (6): 477-495.

[75] Ailawadi, K. L., Lehmann, D. R. & Neslin, S. A. Revenue premium as an outcome measure of brand equity [J]. Journal of Marketing, 2003, 67 (4): 1-17.

[76] Alcántara-Pilar, J. M. del Barrio-García, S., & Porcu, L. A cross-cultural analysis of the effect of language on perceived risk online [J]. Computers in Human Behavior, 2013, 29 (3): 596-603.

[77] Alvarez & Lizette. It's the talk of nueva york: The hybrid called spangles [J]. The New York Times, 1997-03-25: 3-25.

[78] Alwitt L. F. Effects of interestingness on evaluations of TV commercials [J]. Journal of Current Issues and Research in Advertising, 2000, 22 (1): 41-53.

[79] Aradhna Krishna & Rohini Ahluwalia. Language choice in advertising to bilinguals: Asymmetric effects for multinationals versus local firms [J]. Journal of Consumer Research, 2008, 35 (4): 692-705.

[80] Arnie C., Christine L. Zapata & Heather B. Davis. Positive and neg-

ative styles of humor in communication: Evidence for the importance of considering both styles [J]. Communication Quarterly , 2009, 57 (4): 446-452.

[81] Asghar, M. Z. Detection and scoring of internet slangs for sentiment analysis using SentiWordNet [J]. Life Science Journal, 2014 (11): 66-72.

[82] Aulakh, P. S. & Gencturk, E. F. International principal-agent relationships: Control, governance and performance [J]. Industrial Marketing Management, 2000 (29): 521-538.

[83] B. Dodds, W. , Monroe, K. &, Grewal, D. Effects of price, brand, and store information on buyers' product evaluations [J]. Journal of marketing Research, 1991 (28) .

[84] Ball, J. G. , Manika, D. & Stout, P. Causes and consequences of trust in direct-to-consumer prescription drug advertising [J]. International Journal of Advertising, 2015 (35): 216-247.

[85] Baron, N. S. Letters by phone or speech by other means: The linguistics of e-mail [J]. Language and Communications, 1998, 18 (2): 133-170.

[86] Baron, N. S. Language of the Internet [Z]. The Stanford Handbook for Language, 2003.

[87] Engineers [M]. Stanford: CSLI Publications, 2003 (59-127).

[88] Baron, N. S. Always on: Language in an online and mobile world [J]. Information Communication & Society, 2010, 12 (7): 1124-1125.

[89] Baron, R. M. & Kenny, D. A. The moderator - mediator variable distinction in social psychological research: Conceptual, strategic, and statistical considerations [J]. Journal of Personality and Social Psychology, 1986 (51): 1173-1182.

[90] Bart, Y. , Shankar, V. , Sultan, F. & Urban, G. L. Are the drivers and role of online trust the same for all web sites and consumers? A large-scale ex-

ploratory empirical study [J]. Journal of Marketing, 2005, 69 (4): 133-152.

[91] Baumgartner, H. & C. Homburg. Applications of structural equation modeling in marketing and consumer research: A review [J]. International Journal of Research in Marketing, 1996, 13 (2): 139-161.

[92] Berlyne, D. E. Novelty, complexity, and hedonic value [J]. Perception & Psychophysics, 1970, 8 (5): 279-286.

[93] Bettman, J. R. Perceived risk and its components: A model and empirical test [J]. Journal of Marketing Research, 1973, 10 (2): 184-190.

[94] Bhat, S. & Reddy, S. K. The impact of parent brand attribute associations and affect on brand extension evaluation [J]. Journal of Business Research, 2001, 53 (3): 111-122.

[95] Bolumole, Yemisi A., Calantone, Roger J., Di Benedetto, C., Anthony, Melnyk & Steven A. New product development in new ventures: The quest for resources [J]. International Journal of Production Research, 2015, 53 (8): 2506-2523.

[96] Brown, B., H. Giles & J. Thakerar. Speaker evaluation as a function of speech rate, accent and context [J]. Language and Communication, 1985, 5 (3): 207-220.

[97] C. Hirschman, E. & B. Holbrook, M. Postmodern consumer research, 1992.

[98] Carmel L. Vaisman. Beautiful script, cute spelling and glamorous words: Doinggirlhood through language playfulness on Israeli blogs [J]. Language & Communication, 2014 (34): 68-80.

[99] Carranza, M. & E. Ryan. Evaluative reactions of bilingual anglo and mexican american adolescents towards speakers of english and spanish [J]. International Journal of the Sociology of Language, 1975 (6): 83-104.

[100] Chaudhuri, A. Product class effects on perceived risk: The role of emotion [J]. International Journal of Research in Marketing, 1998, 15 (2): 157–168.

[101] Chen, J. & Wang, F. H. Effect of perceived values on consumer purchase intention among commodity category [J]. Journal of Systems & Management, 2012.

[102] Chen, R., Zheng, Y. H. & Liu, W. J. Mediation analysis: Principles, procedures, bootstrap methods and applications [J]. Journal of Marketing Science, 2013 (9): 120-135.

[103] Chernev, A. Goal-attribute compatibility in consumer choice [J]. Journal of Consumer Psychology, 2004, 14 (2): 141-150.

[104] Cheyne, M. Stereotyped reactions to speakers with scottish and english regional accents [J]. British Journal of Social and Clinical Psychology, 1970 (9): 77-79.

[105] Collot, M. & Belmore, N. A new variety of English [J]. Computer -Mediated Communication: Linguistic, Social, and Cross-Cultural Perspectives, 1996, 39 (13).

[106] Collot, M. & Belmore, N. Electronic language: A new variety of English [A] //S. C. Herring (Ed.), Computer mediated communication: Linguistic, social and cross-cultural perspective [M]. Amsterdam: John Benjamins Publishing, 1996: 13-28.

[107] Colquitt J. A., Scott B. A. & LePine J. A. Trustworthiness, and trust propensity: A meta-analytic test of their unique relationships with risk taking and job performance [J]. Journal of Applied Psychology, 2007, 92 (4): 909-927.

[108] Crystal, D. Interpreting Inter-language [J]. E-Magazine: The A-level English Magazine, 1998 (9): 27-28.

[109] Crystal, D. Language and the Internet [M]. Cambridge, UK: Cambridge University Press, 2001.

[110] Crystal, D. The language revolution [M]. Cambridge: Polity Press, 2004.

[111] Crystal, D. Language and the Internet (2 edition) [M]. Cambridge: Cambridge University Press, 2006.

[112] Crystal, D. Internet linguistics: A student guide [J]. Improving College & University Teaching, 2011, 40 (3): 104-108.

[113] Dam V., Ynte K. & Jonge, J. The positive side of negative labelling [J]. Journal of Consumer Policy, 2015, 38 (1): 19-38.

[114] Decrop, A. The influence of message format on the effectiveness of print advertisements for tourism destinations [J]. 2007 (26).

[115] Deutsch, J. A. & Deutsch, D. Attention: Some theoretical considerations [J]. Psychological Review, 1963, 70 (1): 80-90.

[116] Dionisio, D. P., Granholm, E., Hillix, W. A. & Perrine, W. F. Differentiation of deception using pupillary responses as an index of cognitive processing [J]. Psychophysiology, 2001 (38): 205-211.

[117] Douglas E. Hughes. This Ad's for you: The indirect effect of advertising perceptions on salesperson effort and performance [J]. Journal of the Academy of Marketing Science, 2013, 41 (1): 1-18.

[118] Dresler, T., Mériau, K., Heekeren, H. & van der Meer, E. Emotional Stroop task: Effect of word arousal and subject anxiety on emotional interference [J]. 2009 (73).

[119] Drolet, A., Williams, P. & Lau-Gesk, L. Age-related differences in responses to affective vs. rational ads for hedonic vs. utilitarian products [J]. 2007 (18).

[120] Edwards John. Language attitudes and implications among english speakers [J]. Language and Speech, 1982: 20-33.

[121] Eisend, M. A meta-analysis of humor in advertising [J]. Journal of the Academy of Marketing Science, 2009 (37): 191-203.

[122] Eisend, M. How humor in advertising works: A meta-analytic test of alternative models [J]. Marketing Letters, 2011 (22): 115-132.

[123] Fang, J. & Zhang, M. Q. Assessing point and Interval estimation for the mediating effect: Distribution of the product, nonparametric bootstrap and markov chain monte carlo methods [J]. Acta Psychologica Sinica, 2012 (44): 1408-1420.

[124] Fiske, S. T. & Taylor, S. E. Social cognition: From brains to culture [J]. Sage, 2013.

[125] Fornell, C. & Larcker, D. Evaluating structural equation models with unobservable variables and measurement error [J]. Journal of Marketing Research, 1981 (18): 39-50.

[126] García, C. Scanning ads: Effects of involvement and of position of the ilustration in printed advertisements [J]. Advances in Consumer Research, 2000 (27): 104-109.

[127] Geers A. L., Weiland P. E, Kosbab K., Landry S. J. & Helfer S. G. Goal activation, expectations, and the placebo effect [J]. Journal of Personality and Social Psychology, 2005, 89 (2): 143-159.

[128] Gibson B. Can evaluative conditioning change attitudes toward mature brands? New evidence from the implicit association test [J]. Journal of Consumer Research, 2008, 35 (1): 178-188.

[129] Gorn, G. J., Yuwei Jiang & Venkataramanijohar, G. Babyfaces, trait inferences, and company evaluations in a public relations crisis [J]. Journal

of Consumer Research, 2008 (35): 36-49.

[130] Goulding, C. An exploratory study of age-related vicarious nostalgia and aesthetic consumption [J]. 2002 (29).

[131] Hagtvedt H. The impact of incomplete typeface iogos on perceptions of the firm [J]. Journal of Marketing, 2011, 75 (4): 86-93.

[132] Hair, J. & R. Anderson. Multivariate data analysis [J]. US: Prentice Hall, 2006.

[133] Han, D., Duhachek, A. & Agrawal, N. Emotions shape decisions through construal level: The case of guilt and shame [J]. Journal of Consumer Research, 2014 (41): 1047-1064.

[134] Han, Y. J., Nunes, J. C. & Drèze, X. Signaling status with luxury goods: The role of brand prominence [J]. Journal of Marketing, 2010, 74 (4): 1547-7185.

[135] Harris, R. J., Sturm, R. E., Klassen, M. L. & Bechtold, J. I. Language in advertising a psycholinguistic approach [J]. Current Issues & Research in Advertising, 1986, 9 (1): 1-26.

[136] Hayes, A. F. Introduction to mediation, moderation, and conditional process analysis: A regression-based approach [J]. Journal of Educational Measurement, 2013, 51 (3): 335-337.

[137] Heath, R. & Nairn, A. Measuring affective advertising: Implications of low attention processing on recall [J]. Journal of Advertising Research, 2005 (45): 269-281.

[138] Henderson P. W., Giese J. L. & Cote J. A. Impression management using typeface design [J]. Journal of Marketing, 2004, 68 (4): 60-72.

[139] Henderson, P. W. & Cote, J. A. Impression management using typeface design [J]. Journal of Marketing, 2013 (68): 60-72.

［140］ Hervet, G., Guérard, K., Tremblay, S. & Chtourou, M. S. Is banner blindness genuine? Eye tracking internet text advertising ［J］. Applied Cognitive Psychology, 2011, 25 (5): 708-716.

［141］ Herzenstein M., Posavac S. S. & Jo ǘko Brakus J. Adoption of new and really new products: The effects of self-regulation systems and risk salience ［J］. Journal of Marketing Research, 2008, 44 (2): 251-260.

［142］ Higgins, E. T. Self-discrepancy theory ［J］. Psychological Review, 1987 (94): 1120-1134.

［143］ Higgins & Tory, E. Beyond pleasure and pain ［J］. American Psychologist, 1997, 52 (12): 1280-1300.

［144］ Higgins E. T., Friedman R. S., Harlow R. E., et al. Achievement orientations from subjective histories of success: Promotion pride versus prevention pride ［J］. European Journal of Social Psychology, 2001, 31 (1): 3-23.

［145］ Hsu, T. H. & Lee, M. The refinement of measuring consumer involvement—An empirical study ［J］. Competitiveness Review an International Business Journal Incorporating Journal of Global Competitiveness, 2003, 13 (1): 56-65.

［146］ Jacoby, J. & B. Kaplan, L. The components of perceived risk ［J］. Proceedings of the Annual Conference of the Association for Consumer Research, 1972 (10): 382-393.

［147］ Jakob A., Svenny K. & Kristina B. Reading comprehension, word decoding and spelling in girls with Autism Spectrum Disorders (ASD) or Attention-Deficit/Hyperactivity Disorder (AD/HD): Performance and predictors ［J］. International Journal of Language & Communication Disorders, 2010, 45 (1): 61-71.

［148］ Johnston, W. A., Hawley, K. J., Plewe, S. H., Elliott, J. M. & Dewitt, M. J. Attention capture by novel stimuli ［J］. Journal of Experimental

Psychology General, 1990, 119 (4): 397-411.

[149] Jones, G. M. & Schieffelin, B. B. Talking text and talking back: "My BFF Jill" from Boob Tube to You Tube [J]. Journal of Computer-mediated Communication, 2010, 14 (4): 1050-1079.

[150] Julia, D. Promoting a minority language to majority language speakers: Television advertising about the maori language targeting non-Maori new zealanders [J]. Journal of Multilingual and Multicultural Development, 2010, 31 (6): 515-529.

[151] Jung, J. M., Min, K. S. & Kellaris, J. J. The games people play: How the entertainment value of online ads helps or harms persuasion [J]. Psychology & Marketing, 2011 (28): 661-681.

[152] Kahneman, D. Attention and effort [J]. Englewood Cliffs, N. J.: Prentice Hall, 1973.

[153] Kamakura, W. A. & Du, R. Y. How economic contractions and expansions affect expenditure patterns [J]. Journal of Consumer Research, 2012, 39 (2): 229-247.

[154] Keller, K. L. Conceptualizing, measuring and managing customer-based brand equity [J]. Journal of Marketing, 1993, 57 (1): 1-22.

[155] Koslow, Scott, Shamdasani, Prem N., Touchstone & Ellen E. Exploring language effects in ethnic advertising: A sociolinguistic perspective [J]. Journal of Consumer Research, 1994 (4): 575-585.

[156] Krishna, A. & Ahluwalia, R. Language choice in advertising to bilinguals: Asymmetric effects for multinationals versus local firms [J]. Journal of Consumer Research, 2008 (35): 692-705.

[157] Kronrod, A., Grinstein, A. & Wathieu, L. Enjoy! Hedonic consumption and compliance with assertive messages [J]. Journal of Consumer Re-

search, 2012, 39 (1): 51-61.

[158] Krugman, D. M., Fox, R. J., Fletcher, J. E., Fischer, P. M. & Rojas, T. H. Do adolescents attend to warnings in cigarette advertising? An eye-tracking approach [J]. Journal of Advertising Research, 1994 (34): 39-52.

[159] Kunz W. H., Schmitt B. H. & Meyer A. How does perceived firm innovativeness affect the consumer? [J]. General Information, 2011, 64 (8): 816-822.

[160] Kushwaha, T. & Shankar, V. Are multichannel customers really more valuable? The moderating role of product category characteristics [J]. Journal of Marketing, 2013, 77 (4): 67-85.

[161] Lavidge, R. J. & Steiner, G. A. A model for predictive measurements of advertising effectiveness [J]. Journal of Marketing, 1961 (25): 59-62.

[162] Lee A. Y. & Aaker J. L. Bringing the frame into focus: The influence of regulatory fit on processing fluency and persuasion [J]. Journal of Personality and Social Psychology, 2004, 86 (1): 205-218.

[163] Lee E., Tinkham S. & Edwards S. M. The multidimensional structure of attitude toward the Ad: Utilitarian, hedonic and interestingness dimensions [J]. American Academy of Advertising, Conference Proceedings, 2005.

[164] Li, Y. & Li, D. J. The influence of idiom modifications in advertising on consumers' attitude towards advertising and perception of firm [J]. Business Review, 2013 (25): 132-141.

[165] Lin, Y. C. & Wang, K. Y. Language choice in advertising for multinational corporations and local firms: A reinquiry focusing on monolinguals [J]. Journal of Advertising, 2016 (45): 1-10.

[166] Lin, Y. C. & Wang, K. Y. Local or global image? The role of consumers' local-global identity in code-switched ad effectiveness among mono-

linguals [J]. 2016 (45).

[167] Liu, S., Wen, X., Wei, L. & Zhao, W. Advertising persuasion in China: Using Mandarin or Cantonese? [J]. Journal of Business Research, 2013, 66 (12): 2383-2389.

[168] Luna, D. & Peracchio, L. A. Advertising to bilingual consumers: The impact of code - switching on persuasion [J]. Journal of Consumer Research, 2005a, 31 (4): 760-765.

[169] Luna, D. & Peracchio, L. A. Sociolinguistic effects on code - switched ads targeting bilingual consumers [J]. Journal of Advertising, 2005b, 34 (2): 43-56.

[170] Luna, David & Laura A. Peracchio. Moderators of language effects in advertising to bilinguals: A psycholinguistic approach [J]. Journal of Consumer Research, 2001 (28): 284-295.

[171] MacKenzie, S., J. Lutz, R. & Belch, G. The role of attitude toward the ad as a mediator of advertising effectiveness: A test of competing explanations, 1986 (23).

[172] Maclnnis D. J. & Jaworski B. J. Information processing from advertisements: Toward an integrative framework [J]. Journal of Marketing, 1989, 53 (4): 1-23.

[173] Mitchell, V. W. Consumer perceived risk: Conceptualisations and models [J]. European Journal of Marketing, 1999, 33 (2): 163-195.

[174] Morgan, R. M. & Hunt, S. D. The commitment-trust theory of relationship marketing [J]. Journal of Marketing, 1994 (58): 20-38.

[175] Myers-Scotton, C. Social motivations for codeswitching: Evidence from Africa [J]. 1996 (99).

[176] Noriega, J. & Blair, E. Advertising to bilinguals: Does the lan-

guage of advertising influence the nature of thoughts? [J]. Journal of Marketing, 2008, 72 (5): 69-83.

[177] Oscar, Jr. , A. Kara & E. Kaynak. Source effects in purchase decisions: The impact of physical attractiveness and accent of salesperson [J]. International Journal of Research in Marketing, 1996, 13 (1): 89-101.

[178] Pechmann, C. & Stewart, D. W. Advertising repetition: A critical review of wearin and wearout [J]. Current Issues & Research in Advertising, 1988, 11 (1): 285-329.

[179] Petty, R. E. & Cacioppo, J. T. The elaboration likelihood model of persuasion [J]. In L. Berkowitz (Ed.), Advances in Experimental Social Psychology, 1986 (19): 123-205.

[180] Pieters, R. , Warlop, L. & Wedel, M. Breaking through the clutter: Benefits of advertisement originality and familiarity for brand attention and memory [J]. Management Science, 2002 (48): 765-781.

[181] Pieters, R. & Wedel, M. Attention capture and transfer in advertising: Brand, pictorial, and text-size effects [J]. Journal of Marketing, 2004, 68 (2): 36-50.

[182] Pieters, R. & Wedel, M. Goal control of attention to advertising: The yarbus implication [J]. 2007 (34).

[183] Podsakoff, P. M. , Mackenzie, S. B. , Lee, J. Y. & Podsakoff, N. P. Common method biases in behavioral research: A critical review of the literature and recommended remedies [J]. Journal of Applied Psychology, 2003, 88 (5): 879-903.

[184] Preacher, K. J. & Hayes, A. F. SPSS and SAS procedures for estimating indirect effects in simple mediation models [J]. Behavior Research Methods, Instruments, & Computers, 2004 (36): 717-731.

[185] Puntoni, S. , De Langhe, B. & Van Osselaer, S. M. Bilingualism and the emotional intensity of advertising language [J]. Journal of Consumer Research, 2009 (35): 1012-1025.

[185] Qin, Q. B. Cyberspeak and cybertalk [J]. Educational Technology for Foreign Language Teaching, 2003 (94): 1-6.

[187] Rayner, K. , Rotello, C. , J. Stewart, A. , Keir, J. & A. Duffy, S. Integrating text and pictorial information: Eye movements when looking at print advertisements [J]. 2001 (7).

[188] Resnik, A. & L. Stern, B. An analysis of information content in television advertising [J]. 1977 (4).

[189] Roslow, Peter & Nicholls, J. A. F. Targeting the hispanic market: Comparative persuasion of TV Commercials [J]. Journal of Advertising Research, 1996 (3): 67-77.

[190] Saffrey C. , Summerville A. & Roese N. J. Praise for regret: People value regret above other negative emotions [J]. Motivation and Emotion, 2008, 32 (1): 46-54.

[191] Schimmack, U. & Derryberry, D. Attentional interference effects of emotional pictures: Threat, negativity, or arousal? [J]. Emotion, 2005, 5 (1): 55-66.

[192] Schlosser & Ann E. Learning through virtual product experience: The role of imagery on true versus false memories [J]. Journal of Consumer Research, 2006, 33 (3): 377-383.

[193] Schumann, D. , Cacioppo, J. T. & Petty, R. E. Central and peripheral routes to advertising effectiveness: The moderating role of involvement [J]. Journal of Consumer Research, 1983, 10 (2): 135-146.

[194] Sciulli & Lisa, M. How organizational structure influences success

in various types of innovation [J]. Journal of Retail Banking Services, 1998, 20 (1): 13-18.

[195] Sirdeshmukh, D., Singh, J. & Sabol, B. Consumer trust, value, and loyalty in relational exchanges [J]. Journal of Marketing, 2002 (66): 15-37.

[196] Soh, H., Reid, L. N. & King, K. W. Measuring trust in advertising: Development and validation of the adtrust scale [J]. Journal of Advertising, 2009 (38): 83-104.

[197] Spry, A., Pappu, R. & Cornwell, T. B. Celebrity endorsement, brand credibility and brand equity [J]. European Journal of Marketing, 2011 (45): 882-909.

[198] Sun, J., Fan, Q. D. & Chao, N. P. The concept and communication process of network buzzwords [J]. Journal of Nanjin University of Posts and Telecommunications (Social Science), 2011 (13): 15-19.

[199] Tagliamonte, S. A. So sick or so cool? The language of youth on the internet [J]. Language in Society, 2016, 45 (1): 1-32.

[200] Tavassoli, N. T. & Lee, Y. H. The differential interaction of auditory and visual advertising elements with Chinese and English [J]. Journal of Marketing Research, 2003, 40 (4): 468-480.

[201] Touchstone, E. E., Shamdasani, P. N. & Koslow, S. Exploring language effects in ethnic advertising: A sociolinguistic perspective [J]. Journal of Consumer Research, 1994, 20 (4): 575-585.

[202] Vakratsas, D. & Ambler, T. How advertising works: What do we really know? [J]. Journal of Marketing, 1999, 63 (1): 26-43.

[203] Vignovic, J. A. & Thompson, L. F. Computer-mediated cross-cultural collaboration: Attributing communication errors to the person versus the situation [J]. Journal of Applied Psychology, 2010, 95 (2): 265-276.

[204] Wan E. , Isen A. & Sternthal B. The influence of positive affect on regulatory depletion [J]. Advances in Consumer Research, 2007, 34 (2): 23-24.

[205] Wang, J. -C. & Day, R. -F. The effects of attention inertia on advertisements on the WWW [J]. 2007 (23).

[206] Wedel, M. & Pieters, R. Eye fixations on advertisements and memory for brands: A model and findings [J]. 2000 (19).

[207] Weinberger, M. G. & Gulas, C. S. The impact of humor in advertising: A review [J]. Journal of Advertising, 1992, 21 (4): 35-59.

[208] Whittler, T. E. The effects of actors' race in commercial advertising: Review and extension [J]. Journal of Advertising, 1991, 20 (1): 54-60.

[209] Wiener & Lyle, J. Are warranties accurate signals of product reliability? [J]. Journal of Consumer Research, 1985, 12 (2): 245.

[210] Wyer, R. S. Language and advertising effectiveness: Mediating influences of comprehension and cognitive elaboration [J]. Psychology and Marketing, 2002, 19 (7-8): 693-712.

[211] Zeithaml, V. A. Consumer perceptions of price, quality, and value: A means - end model and synthesis of evidence [J]. Journal of Marketing, 1988, 52 (3): 2-22.

[212] Zhan, L. & He, Y. Understanding luxury consumption in China: Consumer perceptions of best-known brands [J]. 2012 (15) .

[213] Zhang, L. , Zhao, J. & Xu, K. Who creates trends in online social media: The crowd or opinion leaders? [J]. Journal of Computer-mediated Communication, 2016, 21 (1): 1-16.

[214] Zhang, W. & Wang, H. Q. Cyber language is a social dialect [J]. Journal of Jinan University (Social Science Edition), 2009 (19): 25-28.

[215] Zhang, Y. L. The creation of humor style in Netspeak [J]. Journal

of Hubei University (Philosophy and Social Science), 2009 (29): 59-62.

[216] Zhang, Y. & Zinkhan, G. M. Responses to humorous ADS: does audience Involvement matter? [J]. Journal of Advertising, 2006, 35 (4): 113-127.

[217] Zhang, S. & Schmitt, B. Creating local brands in multilingual international markets [J]. Journal of Marketing Research, 2001, 38 (3): 313-325.

[218] Zhao, X., Lynch, J. G. & Chen, Q. Reconsidering Baron and Kenny: Myths and truths about mediation analysis [J]. Journal of Consumer Research, 2010 (37): 197-206.

[219] Zhou, X. X. & Jin, Z. C. Researches on consumers' visual attention to print advertisements using eye-tracking methodology [J]. Advances in Psychological Science, 2006 (14): 287-293.

[220] Zhu, R. & Meyers-Levy, J. Exploring the cognitive mechanism that underlies regulatory focus effects [J]. Journal of Consumer Research, 2007, 34 (1): 89-96.

[221] Zillmann, D., Williams, B. R., Bryant, J., Boynton, K. R. & Wolf, M. A. Acquisition of information from educational television programs as a function of differently paced humorous inserts [J]. Journal of Educational Psychology, 1980 (72): 170-180.

# 索 引